增演易筋洗髓內功圖說

策劃人語

本叢書重新編排的目的，旨在供各界武術愛好者鑒賞、研習和參考，以達弘揚國術，保存國粹，俾後學者不失真傳而已。

原書大多為中華民國時期的刊本，作者皆為各武術學派的嫡系傳人。他們遵從前人苦心孤詣遺留之術，恐久而湮沒，故集數十年習武之心得，公之於世。叢書內容豐富，樹義精當，文字淺顯，解釋詳明，並且附有動作圖片，實乃學習者空前之佳本。

原書有一些塗抹之處，並不完全正確，恐為收藏者之筆墨。因為著墨甚深，不易恢復原狀，並且尚有部分參考價值，故暫存其舊。另有個別字，疑為錯誤，因存其真，未敢遽改。我們只對有些顯著的錯誤之處和版面上的墨點等，做了一些修改的工作；對缺少目錄和編排不當的部分原版本，我們根據內容進行了加工、調整，使其更具合理性和可讀性。有個別原始版本，由於出版時間較早，保存時間長，存在殘頁和短頁的現象，雖經多方努力，仍沒有辦法補全，所幸者，就全書的整體而言，其收藏、參考、學習價值並沒有受到太大的影響。希望有收藏完整者鼎力補全，以裨益當世和後學，使我中華優秀傳統文化承傳不息。

為了更加方便廣大武術愛好者對老拳譜叢書的研究和閱讀，我們對叢書做了一些改進，並根據現代人的閱讀習慣，嘗試著做了斷句，以便於閱讀。

由於我們水平有限，失誤和疏漏之處在所難免，敬請讀者予以諒解。

增演易筋洗髓內功圖說

共十七卷 末附翻譯音釋一卷

少林真本

敘例目錄

增演易筋洗髓內功圖說敘

余方弱冠，患失血，體羸氣微，醫藥罔效。清光緒乙未春，從周守儒夫子習訓詁。夫子以所得於靜一空悟大師之正、側、坐、臥各圖依次授之，數月病癒，旋即廢棄閱六年。辛丑，疾復大作，夫子督促復習，未百日，病又癒。自是或作或輟，雖違師訓，未嘗日夜練習，然每因勞倦過甚或腸胃積滯，必凝神靜氣，擇要行之。邇來三十餘年，雖年逾知非，其精力尚足以應事，皆由於此夫子於大師所授各圖式外，又復旁搜博引，闡發奧義，名曰《增演易筋洗髓內功圖說》，分為十八卷，訂為十冊，親書三部藏於其櫝。丙辰冬，余自酉陽旋渝，夫子已歸道山二歲矣。訪其書，尚存二部；今夏復訪之，則僅存其一。余深懼大道之沒而吾夫子推闡之苦衷亦隨之而靡，亟商鑒涵世弟，謀付石印，以廣流傳。方今國術昌明，凡講外壯者，多失內養；談玄理者，罔識動作。茲編內外兼備，性命雙修，誠入道之正宗，由道而佛之捷徑，豈區區卻病延年所能盡其功效哉！

中華民國十九年庚午歲秋九月　門人張瑤萩耘敬述

敘

予生而體弱，長失調養。十歲前飲食不節，嘗患疫寒積滯等症；十歲後沉湎於酒，多生瘡痍；至十九歲，又為洋煙困行；年三十，體愈羸，病日臻，動則驚怖，行則怔忡，風熱澡濕，坐不安席，寒暑晝夜，時在病鄉，體則奄奄一息，熱又時時上蒸，攻散和解，溫補清涼，無術可施，十餘年來，苦狀難述。雖歷經良醫調治，先去邪，後扶正，症對方投，不無小效，而畏風怯寒，氣短神衰，服薑、桂、參、茸近十年，元終難復壯年，幾與髦年無異。清夜自思計，維坐以待斃矣。然竊念生寄死歸，壽夭何惜。獨是混世四十年，毫無善狀，負疚孔多，忐未竟者幾何，分未盡者又幾何。所負天地父母之生成，君親師長之教育，友朋妻孥之屬望，聖賢先儒之陶熔，更僕難數。退思補過，可奈時不及待，何自怨自奮，亦徒仰屋興歎耳。幸於辛卯春，宴古渝之至善堂，遇松山陳老師少林神功也。勸以其功療之，盡傳心授。於是頓起禪心，有因必訪。又於成都道院得《內功圖說》一冊，簡摩日久，稍有所得，遵圖行之，體覺舒暢，至是求道益切。癸巳秋闈，復赴省應試，於資陽通慧寺中，忽遇靜一空悟老師，睹法相，心知其異。一路探討真諦，隨駕至昭覺不離，竟底蘊。悉師自嵩山少林來，盡得少林術，是達摩嫡派，深通如來《易筋》、《洗髓》等經。拜倒求度，師憫其誠，許之。遂執弟子禮而受業於門，口傳心授，凡三逾月，盡得此中三昧。臨別授以《增益易筋洗髓內功圖說》六卷。卷分上下，共十二卷。戒之曰：「此祖師真諦，非十八家支流可比，毋輕視，行持無間，足證佛因。切忌行至半途，自恃神勇無敵，遂棄上乘工夫，久戀人間勳業事。以吾弟文士，學成後有心得處，可增演妙諦，以廣慈航，萬不可視為獨得之奇，秘而不宣也。勉之慎之。」余再拜受冊，無日不習，方年餘，頗覺病去癮除，精神一振，體健身強，氣力漸增，後效雖不能預，必此功終不敢稍廢也。爰敘進道巔末與簡端云。

時大清光緒二十一年乙未孟夏中旬
古渝後學　周述官謹序於士隱齋中

凡例

——釋氏口傳心印，求之諸佛菩薩、諸天神王、歷代羅漢祖師，法象不一，各有得力，概難盡取，逐一習之過繁，擇一習之過簡。是集圖式，雖由歷代宗師增益而成，然皆有條不紊，步步加功。初學之，平易便行，引人入勝；深求之，該括無遺，殊途同歸。

——是書得於少林空悟老師，有圖無說，編首只載《易筋》、《洗髓》二經，起功收功總散歌訣數十章，編末僅行功要語數則，義雖備而旨未暢。余因於每圖後，注明體勢氣數；又與首二卷中，匯輯釋典丹經醫書等說，證明其旨；後列內壯圖說，附分行外功與此教支流，以便求道採擇，眉目分明。

——斯道得傳，萬不可任氣貽禍，恃強為非，致蹈害己害人之咎，天誅王法，在所難逃。既入斯道，凡編中所載一切禁避，最宜擄（點校：疑為「懍」字之誤）之慎之，持戒終身。

——是書分十七卷，道二卷統言斯道綱領，中十二卷詳列斯道條目，末三卷博採斯道支流，周規折矩，綱舉目張。得傳者，細心體察，虔心參悟，功行日久，神妙莫名。

——十二圖中工夫，無論男女，俱可行持。唯女人受孕後，只宜多做定身圖以養胎，餘圖俟產後四十日方可行。

——是書為初學下手而設，故文不加飾，詞不求工，上智下愚，俱能了了，無一禪機隱語犯入其中，樸實說理淡而彌真，成功化境亦不外斯。

——是書能按圖行之，固屬全功。抑或有重病牽纏，身力不濟，塵緣未了，無志求精，視病受何處，虧在何經，擇一圖或擇數圖授之，以起沉痾，亦方便之法門也。然有信心者，方與之，若入主出奴，明求暗攻，萬不可傳，漏泄天機，狎侮聖教，獲罪匪淺。

——是書雖明白顯然，一見即曉，而體勢運動，氣數緩急，導引道路，存想中和，究竟有難以言語形容者。得是書而未得其傳，宜多尋道友，拜求名師，方有益無損。不然勢像法疏，難保無虞。斯道玄妙微杳已極，貴意會尤貴師傳。無口傳心授而魯莽行之，恐有穀不化精，氣不過節，神不守舍，以致瘡痍、痞塊、癆疾叢生，毋謂是書度人而反災人也。

——編中所云一呼一吸、呼吸之間等語，是順世俗常語而言。其實圖中所謂呼吸者，皆先吸後呼，斷無先呼後吸之理。

——首卷所載「易筋洗髓」，文義深邃，詞語古奧，非詳釋意義難明，非引證音讀莫辨，非參以釋典及儒道性理丹經古醫經等說，不能得其真正實理，故末附翻譯音釋一卷，以證其旨。

——《洗髓經》文，慧可祖師譯六朝有韻之文體，類偈語，韻多古音，凡與今韻大相異者，亦於音釋內註明古韻讀法數條，以備類推。

目錄

第二卷　推演易筋洗髓內功圖說

卷二

第五卷　半身圖說……一五七

第六卷　屈身圖說

卷三

第七卷　折身圖說

第八卷　扭身圖說……一八五

卷四

第十三卷　定身圖說

第十四卷　臥身圖說……二五九

第十五卷　增益易筋內壯神勇圖說……二六七

第十六卷　易筋洗髓支流彙纂……二九五

末卷　增演易筋洗髓內功圖說翻譯音釋

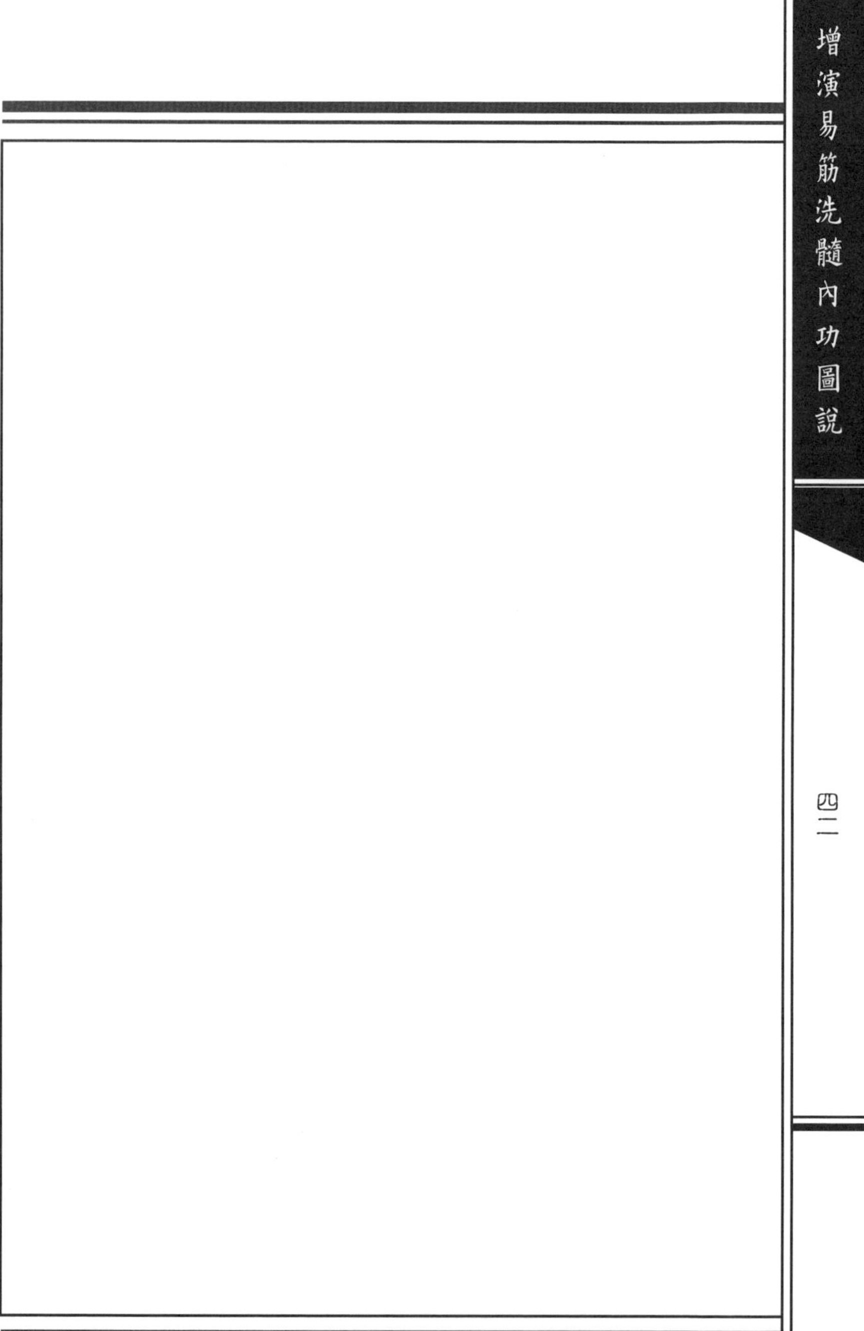

卷一

第一卷

演說易筋洗髓合編

《增演易筋洗髓合編》序

《易筋》、《洗髓》，自達摩祖師西去後，慧可祖師將《洗髓》攜去雲遊，《易筋》藏少林壁中，由是道分為二：習《洗髓》者僅能收心養性，習《易筋》者僅能強筋壯力。千餘年來，其書未合。後《易筋》經般剌密諦翻譯出，代有傳人。《洗髓》由慧可翻譯出，亦有嫡派。兩兩相合，道本同源，理實一貫，一而二，二而一，兩經非兩派也。後世祖師得《洗髓》傳，知道相表裏，乃與《易筋》合成一函。雖綱領節目，綜括靡遺，而奧旨微言，難尋次第，經少林門下，諸老祖師照諸佛菩薩、諸天神王、歷代羅漢、宗師莊嚴法相，摩挲求之，合以《易筋》、《洗髓》所論工夫，始知道出一轍，於是彙成一帙，名曰《增益易筋洗髓內功圖說》，圖多說少，其旨未暢。余不揣譾陋，依圖演說，繕寫《易筋》、《洗髓》於前，益以各家論說，分為十七卷。首二卷經文論說，中十二卷歷代宗師增益圖像，後三卷易筋洗髓支流，以備參悟採用。顏曰《增演易筋洗髓內功圖說》，余何人，不足言道，亦不善屬文。平日所得，雖未知當否，而吾師屬意演說之命難辭。凡有所覺，罔不筆之於書云。

易筋、洗髓並行不悖說

予讀《易筋》、《洗髓》二經，見《易筋》中亦能洗髓，《洗髓》中亦能易筋，功分精粗，不分先後；效分大小，不分淺深。專習《易筋》，僅能增力，則成外壯；專習《洗髓》，僅能養心，則成枯禪。皆偏也，皆非佛之全功也。《易筋》，佛之節目。《洗髓》，佛之究竟。無節目不可入道，無究竟何由證因。以《易筋》、《洗髓》歧視之，固非。即以《易筋》先《洗髓》，《洗髓》統《易筋》，皆誤。行易筋不可離卻洗髓工夫，行洗髓原為收束易筋工夫。其道一而分，其功兩而合，其效一而神，其理兩而化。易筋洗髓真有並行不悖相與有成之妙，故十二圖中所列行功次第、導引逆流、搬運存養，規模皆合易筋洗髓，錯綜變易而兼行之。運中有定，定中有運，一動一靜互為根，一陰一陽之謂道。陰陽相摩，八卦相蕩，二經渾然一太極圖矣。

易筋洗髓名義

筋為連絡形骸之物，故先易筋，筋易而無處不易矣。髓為出入靈明之區，故必洗髓，髓洗而無微不洗矣。筋何貴乎易？按《秘書》說，日月為易，象陰陽也。《易・繫辭》生生之謂易。注：陰陽轉易以成化生，是易為變化之總名、改換之殊稱。筋一易而乾坤合，坎離交矣。至引申為交易、變易、互易、移易、反易、對易、辟易、改易、平易和易之義。又何難使剝復運，否泰轉耶？所以一使之易，寒可易為暑，暑可易為寒，晝可易為夜，夜可易為晝，老可易為少，少可易為老，陽可易為陰，陰可易為陽，變化無端，皆易之道。髓又何言乎洗？按：洗，《廣韻》：先禮切；《正韻》：想禮切，並音銑，與灑同，滌也。《說文》：灑足也。《史記・高帝紀》有使兩女子洗之文。《書・酒誥》：自洗腆，致用酒。洗：又，潔也，是洗之義，自上灑下，又由下升上而潔上也。他如鐘名姑洗，律名姑洗，官名洗馬，承水器曰洗石，名有洗石，皆取義於《易・繫辭》。「聖人以此洗心退藏於密」之洗，所謂灑滌、灑潔也。所以一為之洗，濁積者，能洗之使清；黑暗者，能洗之使明；凝重者，能洗之使輕；塵蔽者，能洗之使淨，洗髓功深，自放光明。昔漢武帝時，客有問於東方朔曰：「先生有養生訣乎？」答曰：「無他術，吾能三千年一洗髓，三千年一伐毛，吾已三洗髓三伐毛矣。」客不識道，以為滑稽戲語。後注家及考據家亦多引之作喻言，不知為實語也。行功者能晉進不退，恒久有常，困而升，革而鼎，蹇而解，賁臨中節，屯蒙悉渙、中孚獨履，由小過而大過，小畜而大畜，頤養與井養兼施，未濟既濟，有震無兌，有益無損，噬嗑需訟，師遯夬姤，比隨而謙，謙而豫，蠱明夷，漸旅漸巽、漸豐漸萃，漸艮漸歸妹，家人不睽，同人大壯，咸觀大有。一易筋即洗髓，一洗髓愈易筋，陰陽造化，往來不窮，無方無體，無際無涯，與天地參，非其能事乎。

李衛公序

後魏孝明帝太和年間，達摩大師自梁適魏，面壁於少林寺。一日謂其徒眾曰：盍各言所知，將以占乃詣。眾因各陳其進修。師曰：某得吾皮，某得吾肉，某得吾骨，惟於慧可曰，爾得吾髓云云。後人漫解之，以為入道之淺深耳。蓋不知其實有所指，非漫語也。迨九年，功畢示化，葬熊耳山腳，乃遺隻履而去。後面壁處，碑砌壞於風雨，少林僧修葺之，得一鐵函，無封鎖，百計不能開。一僧悟曰：此必膠之固也，宜以火，函遂開，乃熔蠟滿注而四著故也。得所藏經二帖，一曰《洗髓經》，一曰《易筋經》。《洗髓經》者，謂人之生，感於愛欲，一落有形，悉皆滓穢。欲修佛諦，如五臟六腑、四肢百骸，必先一一洗滌淨盡，純見清虛，方可進修，入佛智地。不由此經，進修無基，無有是處。讀至此，然後知向者所謂得髓者，非譬喻也。《易筋經》者，謂髓骨之外，皮肉之內，莫非筋連絡周身，通行血氣，凡屬後天，皆其提挈。借假修真，非所贊襄，立見頹靡，視作泛常，曷臻極致，舍是不為，進修不力，無有是處。讀至此，然後知所謂皮肉骨者，非譬喻亦非漫語也。《洗髓經》帙歸於慧可，附衣缽，共作秘傳，後世罕見。唯《易筋經》留鎮少林，以永師德。第其經字皆天竺文，少林諸僧，不能遍譯，間亦譯得十之一二，復無至人口傳秘密，遂各逞己意，演而習之，竟趨旁徑，落於枝葉，遂失作佛真正法門。至今少林僧眾，僅以角藝擅長，是得此經之一斑也。眾中一僧，具超絕識，念唯達摩大師，即留聖經，豈惟小技？今不能譯，當有譯者。乃懷經遠訪，遍歷山嶽。一日抵蜀，登峨嵋山，得晤西竺聖僧般剌密諦，言及此經，並陳來意。聖僧曰：佛祖心傳，基先於此，然而經文不可譯，佛語淵奧也；經義可譯者，通凡達聖也。乃一一指陳，詳譯其義，且止僧於山，提挈進修，百日而凝固，再百日而充周，再百日而暢達，得所謂金剛堅固地，馴此入佛智地，洵為有基筋矣。僧志堅精，不落世務，乃隨聖僧化行海嶽，不知所之。徐鴻客遇之海外，得其秘諦，既授於虬髯客，虬髯客復授於予。嘗試之，輒奇驗，始信語真不虛。措乎未得《洗髓》之秘，觀遊佛境。又惜立志不堅，不能如僧不落世務。乃僅借六花小技，以勳伐終，中懷愧歉也。然則此經妙義，世所未聞，謹序其由，俾知巔末。企望學者，務期作佛，切勿要區區作人間事業也。若各能作佛，乃不負達摩大師留經之意。若曰勇足以名世，則古之以力聞者多矣，奚之錄哉！

時唐貞觀二載春三月三日　李靖藥師甫序

牛將軍序

予武人也，目不識一字，好弄長槍大劍，盤馬彎弓以為樂。值中原淪喪，徽欽北狩，泥馬渡河，江南多事。予因應我少保岳元帥之募，署為裨將，屢立戰功，遂為大將。憶昔年岳少保奉令出征，後旋師還鄂。歸途忽見一遊僧，狀貌奇古，類阿羅漢像，手持一函入營，囑予致少保，叩其故，僧曰：將軍知少保有神力乎？予曰：不知也，但見吾少保能挽百石之弓耳。僧曰：少保神力，天賦之歟？予曰：然。僧曰：非也，予授之耳。少保嘗從事於予，神力成功，予囑其相隨入道。不之信，去而作人間勳業，事名雖成，志難竟，天也，運也，命也。奈若何！今將及矣，煩致此函，或能反省獲免。予聞言不勝悚異，叩姓氏不答。叩所之，曰西訪達摩師。予懼其神威，不敢挽留，竟飄然去。少保得函，讀未竟，泣數行下曰：吾師神僧也，不吾待，吾其休矣！因從襟袋中出冊付予，囑好掌此冊，擇人而授，勿使進道法門斬焉中絕，負神僧也。不數月，果為奸相所搆。予心傷少保，冤憤莫伸，視功勳若糞土，因無復人間之想矣。念少保之囑，不忍負憾。武人無巨眼，不知斯世誰具作佛之志堪傳此冊者，擇人既難，妄傳無益。今將此冊傳於嵩山石壁之中，聽有道緣者自得之，以衍進道之法門，庶免妄傳之咎，可酬對少保於天上矣。

時宋紹興十二年　鄂鎮大元帥少保岳麾下宏毅將軍牛皋鶴九甫序

翻譯易筋經原文

總論

譯曰：佛祖大意，謂登正果者，其初基有二：一曰清虛，一曰脫換。能清虛則無障，能脫換則無礙，無礙無障，始可入定出定矣。知乎此，則進道有其基矣。所云清虛者，洗髓是也；脫換者，易筋是也。其洗髓之說，謂人之生感於情欲，一落有形之身，而臟腑肢骸悉為滓穢所染，必洗滌淨盡，無一毫之瑕障，方可步超凡入聖之門，不由此則進道無基。所言洗髓者，欲清其內；易筋者，欲堅其外。如果能內清靜，外堅固，登壽域在反掌之間耳，何患無成？且云易筋者，謂人身之筋骨由胎稟而受之，有筋弛者、筋攣者、筋靡者、筋弱者、筋縮者、筋壯者、筋舒者、筋勁者、筋和者、種種不一，悉由胎稟。如筋弛則病，筋攣則瘦，筋靡則痿，筋弱則懈，筋縮則亡，筋壯則強，筋舒則長，筋勁則剛，筋和則康。若其人內無清虛而有障，外無堅固而有礙，豈許入道哉！故入道莫先於易筋以堅其體，壯內以助其外，否則道亦難期。其所言易筋者，易之為言大矣哉。易者，乃陰陽之道也，易即變化之易也。易之變化，雖存乎陰陽，而陰陽之變化，實存乎人。弄壺中之日月，搏掌上之陰陽，故二豎係之在人，無不可易。所以為虛為實者易之，為剛為柔者易之，為靜為動者易之；高下者易其升降，後先者易其緩急，順逆者易其往來；危者易之安，亂者易之治，禍者易之福，亡者易之存。氣數者可以易之挽回，天地者可以易之反覆，何莫非易之功也。至若人身之筋骨，豈不可以易之哉。然筋，人身之經絡也。骨節之外，肌肉之內，四肢百骸，無處非筋，無經非絡，聯絡周身，通行血脈，而為精神之外輔。如人肩之能負，手之能攝，足之能履，通身之活潑靈動者，皆筋之挺然者也，豈可容其弛、攣、靡、弱哉？而病、瘦、痿、懈者，又寧許其入道乎？佛祖以挽回斡旋之法，俾筋攣者易之以舒，筋弱者易之以強，筋弛者易之以和，筋縮者易之以長，筋靡者易之以壯，即綿泥之身，可以立成鐵石，何莫非易之功也！身之利也，聖之基也，此其一端耳。故陰陽為人握也，而陰陽不得自為陰陽。人各成其人，而人勿為陰陽所羅。以血氣之軀，而易為金石之體，內無障，外無礙，始可入得定去，出得定來。然此著功夫，亦非細故也。而功有漸次，法有內外，氣有運用，行有起止，至藥物器制、節候歲月、飲食起居，始終各有徵驗。入斯門者，宜先辦信心，次立虔心，奮勇堅往，精進如法，行持而不懈，自無不立躋聖域矣。

般刺密諦曰：此篇就達摩大師本意，言易筋之大概，譯而成文，毫不敢加以臆見或創造一語。後篇行功法，則具詳原經譯義。倘遇西竺高明聖僧，再請琢磨可也。

膜論

夫人之一身，內而五臟六腑，外而四肢百骸，內而精氣與神，外而筋骨與肉，共成其一身也。如臟腑之外，筋骨主之；筋骨之外，肌肉主之；肌肉之內，血脈主之；周身上下動搖活潑者，此又主之於氣也。是故修煉之功，全在培養血氣者為大要也。即如天之生物，亦各隨陰陽之所至而百物生焉，況於人生乎，又況於修煉乎？且夫精氣神為無形之物也，筋骨肉乃有形之身也。此法必先煉有形者，為無形之佐；培無形者，為有形之輔。是一而二，二而一者也。若專培無形而棄有形則不可，專煉有形而棄無形更不可。所以有形之身，必得無形之氣，相倚而不相違，乃成不壞之體。設相違而不相倚，則有形者亦化而無形矣。是故煉筋，必須煉膜，煉膜必須煉氣。然而煉筋易而煉膜難，煉膜難而煉氣更難也。先從極難、極亂處立定腳根，後向不動不搖處認斯真法。務培其元氣，守其中氣，保其正氣，護其腎氣，養其肝氣，調其肺氣，理其脾氣，升其清氣，降其濁氣，閑（點校：應為「閉」字）其邪惡不正之氣。勿傷於氣，勿逆於氣，勿憂思悲怒以損其氣。使氣清而平，平而和，和而暢達，能行於筋，串於膜，以至通身靈動，無處不行，無處不到。氣至則膜起，氣行則膜張，能起能張則膜與筋齊堅齊固矣。如煉筋不煉膜，而膜無所主；煉膜不煉筋，而膜無所依；煉筋煉膜而不煉氣，而筋膜泥而不起；煉氣而不煉筋膜，而氣痿而不能宣達流串於筋絡。氣不能流串，則筋不能堅固，此所謂參互其用，錯綜其道也。俟煉至筋起之後，必宜倍加功力，務使周身之膜皆能騰起，與筋齊堅，著於皮，固於內，始為子母各當。否則筋堅無助，譬如植物，無土培養，豈曰全功也哉。

般剌密諦曰：此篇言易筋以煉膜為先，煉膜以煉氣為主。然此膜人多不識，不可為脂膜之膜，乃筋膜之膜也。脂膜，腔中物也。筋膜，骨外物也。筋則聯絡肢骸，膜則包貼骸骨。筋與膜較，膜軟於筋；肉與膜較，膜勁於肉。膜居肉之內，骨之外，包骨襯肉之物也。其狀若此，行此功者，必使氣串於膜間，護其骨，壯其筋，合為一體，乃曰全功。

內壯論

內與外對，壯與衰對。壯與衰較，壯可久也；內與外較，外勿略也。內壯言堅，外壯言勇，堅而能勇是真勇也，勇而能堅是真堅也。堅堅勇勇，勇勇堅堅，乃成萬劫不化之身，方是金剛之體矣。凡煉內壯，其則有三：一曰守此中道。守中者，專於積氣也。積氣者，專於眼、耳、鼻、舌、身、意也。其下手之要，妙於用揉，其法詳後。凡揉之時，宜解襟仰臥，手掌著處，其一掌下胸腹之間，即名曰中，唯此中乃存氣之地，應須守之。守之之法，在乎含其眼光，凝其耳韻，勻其鼻息，緘其口氣，逸其身勞，鎖其意馳，四肢不動，一念冥心，先存想其中道，後絕其諸妄念，漸至如一不動，是名曰守，斯為合式。蓋揉在於是，則一身之精氣神俱注於是，久久積之，自成庚方一片矣。設如雜念紛紜，馳想世務，神氣隨之而不凝，則虛其揉矣，何益之有；二曰勿他想。人身之中，精神氣血不能自主，悉聽於意，意行則行，意止則止，守中之時，意隨掌下，是為合式。若或馳意於各肢，其所凝積精氣與神，隨即走散於各肢，即成外壯，而非內壯矣。揉而不積，又虛其揉矣，有何益哉；三曰待其充周。凡揉與守，所以積氣。氣既積矣，精神血脈悉皆附之守之不馳，揉之且久，氣唯中蘊而不旁溢。氣積而力自積，氣充而力自周。此氣即孟子所謂至大至剛，塞乎天地之間者，是吾浩然之氣也。設未及充周，馳意外走，散於四肢，不惟外壯不全，而內壯亦屬不堅，則兩無是處矣。

般刺密諦曰：人之初生，本來原善，若為情欲雜念分去，則本來面目一切抹倒，又為眼、耳、鼻、舌、身、意分損靈犀，蔽其慧性，以致不能悟道，所以達摩大師面壁少林九載者，是不縱耳目之欲也。耳目不為欲縱，猿馬自被其鎖絆矣。故達摩大師得斯真法，始能隻履西歸，而登正果也。此篇乃達摩佛祖心印先基，真法在守中一句，其用在含其眼光七句。若能如法行之，則雖愚必明，雖柔必強，極樂世界，可立而登矣。

揉法

夫揉之為用，意在磨礪其筋骨也，磨礪者，即揉之謂也。其法有三段，每段百日。一曰揉有節候。如春月起功，功行之時，恐有春寒，難以裸體，只可解開襟。次行於二月中旬，取天道漸和，方能現身下功，漸暖乃為通便，任意可行也。二曰揉有定式。人之一身，右氣左血，凡揉之法，宜從身右推向於左，是取推氣入於血分，令其通融；又取胃居於右，揉令胃寬，能多納氣，又取揉者右掌有力，用而不勞；三曰揉宜輕淺。凡揉之法，雖曰人功，宜法天義。天地生物，漸次不驟，氣至自生，候至物成。揉若法之，但取推蕩，徐徐來往，勿重勿深，久久自得，是為合式。設令太重，必傷皮膚，恐生癍痱；深則傷於肌肉筋膜，恐生熱腫，不可不慎。

採精華法

太陽之精，太陰之華，二氣交融，化生萬物。古人善採咽者，久久皆仙，其法秘密，世人莫知。即有知者，苦無堅志，且無恒心，是為虛負，居諸而成之者少也。凡行內煉者，自初功始，至於成功，以至終身，勿論閑忙，勿及外事。若採咽之功，苟無間斷，則仙道不難於成。其所以採咽者，蓋取陰陽精華，益我神智，俾凝滯漸消，清靈自長，萬病不生，良有大益。其法：日取於朔，謂與月初之交，其氣方新，堪取日精。月取於望，謂金水盈滿，其氣正旺，堪取月華。設朔望日遇有陰雨或值不暇，則取初二、初三、十六、十七，猶可凝神補取。若過此六日，則日昃月虧，虛而不足取也。朔取日精，宜寅卯時，高處默對，調勻鼻息，細吸光華，合滿一口，閉息凝神，細細咽下，以意送之，至於中宮，是為一咽。如此七咽，靜守片時，然後起行，任從酬應，毫無妨礙。望取月華，亦準前法，於戌亥時，採吞七咽。此乃天地自然之利，唯有恒心者，乃能享用之，亦唯有信心者，乃能取用之。此為法中之一部大功，切勿忽誤也。

翻譯洗髓經序

《易筋》、《洗髓》，俱非東土之文章，總是西方之妙諦。不因祖師授受，予安得而識之，又烏自而譯之也哉。我祖師大發慈悲，自西徂東，餐風宿露，不知幾歷暑寒；航海登山，又不知幾歷險阻。如此者，豈好勞耶?悲大道之多歧，將愈支而愈離，恐接緒之無人，致慧眼之淹沒。遍觀諸教之學者，咸逐末而忘本，每在教而泥教，誰順流而窮源。忽望霞旦，白光灼天，知有載道之器，可堪重大之託，此祖師西來之大義也。初至陝西敦煌，遺留湯鉢於寺。次及中州少林，面壁趺跏九年。不是心息參悟，亦非存想坐功。總因因緣未至，姑靜坐久留，以待智人參求耳。及祖師示人為第一義諦，聞者多固執宿習，不能領略再請。予何人斯，幸近至人，耳提面命，頓超無上正傳正覺，得《易筋》、《洗髓》二帙。《洗髓》義深精進，無基初學難解，其效亦難至，是為末後之究竟也。及其成也，能隱能顯，串金透石，脫髓圓通，虛靈長活，聚而成形，散則為風，然未可一蹴而至也。《易筋》義淺，入手有據，初學易解，其效易臻，堪為築基之初起，是必《易筋》之功竟，方可因之洗髓。予得師傳，行易筋已效，將《易筋》原本一帙藏之少林壁間，俟有緣者得之。唯《洗髓》一帙，附之衣缽，遠遊雲水。後功行至，果獲奇應。曾不敢輕以告人，又恐久而失傳，辜負祖師西來之意。於是不揣鄙陋，翻為漢語，止求不悖經文，不敢致飾章句，依經詳譯於後，並為序言於前，以俟智者之玩味而有得也。釋慧可謹序。

翻譯洗髓經原文

總　義

如是我聞時，佛告須菩提。易筋功已竟，方可事於此。此名靜夜鐘，不礙人間事。白日任匆匆，務忙衣與食。三餐食既竟，放風水火訖。抵暮見明星，然（點校：「燃」字的本字）燈照暗室。晚夕功課畢，將息臨臥具。大眾咸鼾睡，忘卻生與死。明者獨驚醒，黑夜暗修為。撫體歎今夕，過去少一日。無常來迅速，身同少水魚。顯然如何救，福慧何日足？四恩未能報，四緣未能離。四智未現前，三生未皈一。默觀法界中，四生三有備。六根六塵連，五蘊並三途。天人阿修羅，六道各異趨。二諦未能融，六度未能具。見見非是見，無明未能息。道眼未精明，眉毛未落地。如何知見離，得了涅槃意。若能見非見，見所不能及。蝸角大千界，蟭眼納須彌。昏昏醉夢間，光陰兩俱失。流浪於生死，苦海無邊際。如來大慈悲，演此為洗髓。須俟易筋後，每於夜靜時。兩目內含光，鼻中運息微。腹中覺空虛，正宜納清煦。朔望及兩弦，二分並二至。子午守靜功，卯酉乾沐浴。一切唯心造，煉神竟虛靜。常惺惺不昧，莫被睡魔拘。夜夜常如此，日日須行持。唯虛能容納，飽食非所宜。謙和保護身，惡厲宜緊避。假借可修真，四大須保固。柔弱可持身，暴戾災害逼。渡河須用筏，到岸方棄諸。造化生成理，從微而至著。一言透天機，漸進細尋思。久久自圓滿，未可一蹴企。成功有定限，三年九載餘。從容在一紀，決不逾此期。心空身自化，隨意任所之。一切無掛礙，圓通觀自在。隱顯度眾生，彈指超無始。待報四重恩，永滅三途苦。後人得此經，奉持為宗旨。擇人相授受，叮嚀莫輕視。

無始鍾氣篇第一

宇宙有至理，難以耳目契。凡可參悟者，即屬於元氣。氣無理不運，理無氣莫著。交併為一致，分之莫可離。流行無間滯，萬物依為命。穿金與造石，水火可與並。並行不相害，理與氣即是。生處伏殺機，殺中有生意。理以氣為用，氣以理為體。即體以顯用，就用以求體。非體亦非用，體用兩不立。非理亦非氣，一言透天機。百尺竿頭步，原始更無始。悟得其中意，方可言洗髓。

四大假合篇第二

元氣久氤氳，化作水火土。水發崑崙巔，凹達坑穽注。靜坐生暖氣，水中有火具。濕熱乃蒸騰，為雨又為露。生人又生物，利益滿人世。水久澄為土，火乃氣之燠。人身小天地，萬物莫能比。具此幻化質，總是氣之餘。本來非我有，解散還太虛。生亦未曾生，死亦未曾死。形骸何時留，垂老後天地。假借以合真，超脫離凡類。參透《洗髓經》，長生無盡期。無假不顯真，真假渾無際。應作如是觀，真與假不二。四大假合形，誰能分別此。

凡聖同歸篇第三

凡夫假作真，美衣為體飾。徒務他人觀，美食日復日。人人皆如此，碌碌一身事。不暇計生死，總被名利牽。一朝神氣散，油盡而燈滅。身屍埋壙野，驚魂一夢攝。萬苦與千辛，幻境無休歇。聖人獨認真，布衣而蔬食。不貪以持己，豈為身口累。參透天與地，與我本一體。體雖有鉅細，靈活原無異。天地有日月，人身兩目具。日月有晦明，星與燈相繼。縱或星燈滅，見性終不沒。縱成瞽目人，伸手摸著鼻。通身俱是眼，觸著知物倚。此是心之靈，包羅天與地。能見不以目，能聽不以耳。心若能清淨，不為嗜欲逼。自知原來處，歸向原來去。凡夫與聖人，眼橫鼻長直。同來不同歸，因彼多外馳。若能收放心，提念生與死。趁此健身軀，精進用心力。洗髓還本原，凡聖同歸一。

物我一致篇第四

萬物非萬物，與我同一體。幻出諸形相，輔助成生意。有人須有物，用作衣與食。藥餌及器皿，缺一即不備。飛潛與動植，萬類為人使。造化恩何鴻，妄殺即暴戾。蜉蝣與蚊蠅，朝生暮死類。龜鶴麋與鹿，食少而服氣。竟得多歷年，人何不如物。只貪衣與食，忘卻生與死。苟能絕嗜欲，物我皆一致

行住坐臥篇第五

行如盲無杖，內觀照性分。舉足低且慢，踏實方更進。步步皆如此，時時戒急行。世路忙中錯，緩步保平安。住如臨崖馬，亦如到岸舟。迴光急返照，認取頓足處。不離於當念，存心勿外務。得止宜知止，留神守空谷。立定勿傾斜，形端身自固。耳目隨心靜，止水與明鏡。事物任紛紛，現在皆究竟。坐如丘山重，端直肅容儀。閉口深藏舌，出入息與鼻。息息歸元海，氣足神自裕。浹骨並洽髓，出神先入定。臥如箕形曲，左右隨其宜。兩膝常參差，兩足如鉤鉅。兩手常在腹，捫臍摸下體。睾丸時掙搓，如龍戲珠勢。倦則側身睡，睡中自不

迷。醒來方伸腳，仰面亦不拘。夢覺渾不異，九載徵實際。超出生死關，究竟如來意。行住坐臥篇，只此是真諦。

洗髓還原篇第六

易筋功已畢，便成金剛體。外感不能侵，飲食不為積。猶恐七情傷，元神不自持。雖具金剛相，猶是血肉軀。須照《洗髓經》，食少多進氣。搓摩乾沐浴，按眼復按鼻。摸面又旋耳，不必以數拘。閉眼常觀鼻，合口任鼻息。度數暗調和，身定神即定。每日五更起，吐濁納清煦。開眼即抽解，切勿貪酣睡。厚褥趺跏坐，寬解腰中繫。右膝包左膝，調息舌抵腭。脇腹運尾閭，搖肩手推肚。分合按且舉，握固按雙膝。鼻中出入綿，綿綿入海底。有津續咽之，以意送入腹。叩牙鳴天鼓，兩手俱掩臍。伸足扳其趾，出入六六息。兩手按摩竟，良久方盤膝。直身頓兩足，洗髓功已畢。徐徐方站起，行穩步方移。忙中恐有錯，緩步為定例。三年並九載，息心並滌慮。浹骨更洽髓，脫殼飛身去。漸幾渾化天，末後究竟地。即說偈曰：「口中言少，心頭事少，腹裏食少，自然睡少，有此四少，長生可了」。

翻譯經義後跋

前譯經文，後譯名義。文言各異，意義不二。達摩梵音，法空華語。空諸所有，不即不離。人若執經，終不通移。分門別戶，殊途異趨。同己則許，異己則毀。在教泥教，老死範圍。如此之人，迂而且鄙。坐井觀天，蟪蛄為期。祖師圓通，東遊西歸。隻履獨步，熊耳滅跡。不惟空塵，且並空理。無掛無礙，得大自在。噫嘻吾師，天縱生知。生於默識，幼而穎異。少遊印度，窮諸教誼。不泥言筌，提倡宗旨。時來東土，直指性地。解纏出縛，天人師資。感祖洪慈，遺茲妙諦。後之見者，慎勿膜（點校：當為「漠」字）視。

演說易筋洗髓合編書後

前「李衛公序」至「採精華法」，是《易筋經》。「翻譯洗髓經序」至「翻譯經義後跋」是《洗髓經》，二經所以合纂者，以《易筋》主運定鎮之，《洗髓》主定運導之。舍定求運，搬運難運；舍運求定，欲定難定。先定後運，一運即定。先運後定，無定不運。專運落外壯，專定落枯禪。即運即定，即定即運，乃能運定。行功第次，雖先運後定，非運定各用，不相輔行也。至於十二圖勢，已隱括於二經之內，故列二經於十二圖前，而合編於一卷中云。

三教參悟說

三教書籍，言異旨同，修士毋成門戶之見。相類者宜參觀，不相類者亦當善悟。性理之文，有可資於治平之用；經濟之學，有足取為修養之法，互相考證，獲益匪淺。如株守一家，即抹殺一切，定非通儒。演說二經，語語皆本口傳心授，間有採之別集者，皆三教先哲舊說，非出億（點校：此處「億」字與「臆」字通）造云然也。

道宜參閱《金剛》《心經》說

釋門經論語錄、三藏之書，連篇累牘，廣舌宣揚，多鋪陳事蹟，緬溯淵源，侈譚因果，推廣慈悲，宏攄誓願，窮極神通，於下手修煉工夫、洗伐毛髓火候，或散見，或連及，零星瑣碎，難使牟尼一串。唯《金剛般若波羅密經》及《般若波羅密多心經》，專言禪理，包羅禪功於修身養心次第，功行深而著，簡而該（點校：此處「該」與「賅」通），然（點校：「燃」字的本字）燈明度，一一皆與《易筋》、《洗髓》相合，參互考訂，以窮其究竟，始見佛氏修持，別無他說，道出一轍，不二法門。

道宜參證儒書丹書醫書說

釋氏之書，文本梵語，理尚虛無，不譯以儒家，文字難明；不參以丹醫，二經無徵。謹按：《易筋》、《洗髓》譯在南北朝時，語言文字多古音古義，非證以十三經及周秦諸子、隋唐以前訓詁音韻等書，不能通曉，故末附翻譯音釋一卷。而其譚性理，又多與《周易》、《大》、《中》、孟子《動心》、《盡心》章相出入，譚性功又多與《儀禮》、《禮記》、《論語・鄉黨篇》相表裏，故宜與儒書參證。又按東西方言與華夷人所稱之臟腑、筋絡、官骸、穴竅名號不同，既譯以華文，不參以丹經醫經，縱二經理明法備，亦不能明晰血脈氣息流通之路、關竅穴道導引之方，又何由知下手節目工夫、河車搬運法門、運定圓覺火候？所以於翻譯音釋後，臚列三教應證書目，又摘丹經譬語作實指錄一篇，學者兩兩相稽，萬無不明斯道也。

三教分合異同源流考

道釋二家，今世多知二而一，唯儒與釋判然兩途，其不能合者，由後學分門別戶致之耳。讀孔氏書者，記誦詞章無論也，即講實學，亦多爭立功名，輕視修養，高談性命，無益身心，不知六經四子書所載養身養心之謂何也；讀釋老書者，演法持戒無論也，即講性定亦每專求修煉，不顧家國，實宗楊墨，托言釋道，不知《道藏》、《佛藏》所載慈悲誓願之謂何也。二者皆偏，孔聖非無修養，釋道非無事功，異曲同工，異派同源，同者格致誠正之功，異者修齊治平之跡，其實一理也。粵稽混沌初開，自盤古以迄三代，中國並無儒道之分，凡學道之士，無一非讀五帝三王時書，皆儒也，即道也。道家甚稱黃帝、彭祖、老聃之學，孔子亦嘗採取之，竊比之，訪問之，讚歎之，何嘗攻辯！至漢天師出，而儒道始分焉。不知天師道也，亦儒也。分之者，後世之立宗派也。又秦漢以前，中國疆域不廣，只占天下十分之二，沙海外數千百國，孔教難及，天生然（點校：「燃」字的本字）燈演教中古，次出釋迦宣化西域，授受相傳二十八代，至達摩祖師來遊東土。外夷佛教，分支有黃教、紅教之別，達摩祖師坐化西歸，中國佛教別派有臨濟、曹洞之分，亦如儒有南北學、漢宋學，道有正一派、龍門派之類也。種種流派，法異旨同，派分道合，其一生萬、萬合一之理，俱無殊，不主中道，能傳之遠而且久乎？其間不過各宗各派各有異同，各守各傳，各有得失，有精粗純駁之分，有淺深真偽之別，皆無可厚非也。今三教並立，鮮能貫通，主此奴彼，主彼奴此。講修煉者，呼儒家為俗；守章句者，目釋道為謬。自相高尚，互相攻擊，甚至同室操戈，後先矛盾，真可笑也。約而言之，儒曰執中，釋曰守中，道曰玄中，非三教一貫而何？故推闡斯道，不得不合三教之理而言，非故以釋道之法混亂聖經也。抑思聖人之言，無所不包，釋道身心性命之學，又奚不可摘取而證明乎。

卷一

第二卷

推演易筋洗髓内功圖說

原生論

人自陰陽五行所化，父精母血所成，五官百脈皆歸有用，意欲念慮畢效其能，此萬物之靈也。然當太極初生之始，不特無精無氣，而並無形無聲，所謂先天也。至氣凝而精始結，精結而神乃生，神生而氣日足，氣足而精愈固，精固而神更旺，於無窮矣。所以在母懷中得氣血以養之，胎漸次成形，形漸次鼓氣，氣漸次有知覺運動，胎足後而身出。此先天之後天，後天之先天也。其兩儀所化之精氣，五行本體所化之脾、胃、肝、肺、腎、皮膚、精、骨髓，妙用所化之喉、舌、唇、牙、齒、耳、目、口、鼻、心皆未充實，男必待精液滿，女必待天癸至，然後五臟六腑，毫毛孔竅、十二經絡之稟於陰陽五行、父精母血者，乃得大成，此所謂後天也。先天固藉後天養，後天又藉天地五行所生之物養。果能順時而行，處處咸宜，人人皆有古皇之壽。無如後世天時人事與上古異，其中不無氣稟所拘、人欲所蔽、起居不時、飲食不節等弊，故有壽夭強弱之別。雖死生大數，權由天命，而在生強弱，亦任人為。在昔古皇先聖知賦畀有殊，則賢愚各別，不能盡人引之入道，因設針灸、砭石、湯藥諸法治之。然醫家有瀉無補，有補無瀉，萬難並行，以故仙佛家始創為導引服氣之法，亦順天地生成之理而行，以補先後陰陽之不足，其實與儒家之修身養心、醫家之攻散瀉補名異理通，途殊效同。條目次第，已詳備於散論總歌及各圖中，能依準繩，日行一二次，永無間斷，百日後可終身不藥矣。終身行之不衰，其功效更非淺鮮也。余淺識竊取，不明後驗，然就現身觀之，甫行一年，老病全失，煙癮斷除，步履殊強，飲食差健，精神氣力較前四十年，判若天淵，即此境界，已有仙凡之別。回憶前之煙酒場中光景，真不啻在孽海魔界中也。今夢初覺，始悟降衷之由，因泚筆而識之以自警。

養身養心論

養身之術，其法最多，然庸而正、微而顯、粗而精者，莫妙於《易筋洗髓內功圖說》。按之儒道養身各節，名異實同。儒家盡心知性，是以一氣貫三才也；道家修真養性，是以一氣化三清也；釋家明心見性，是以一氣成三寶也，效雖大而其功即繫於身，存於心。心一不淨，身之五官百體，皆為情欲所役，運不能使清濁分，定不能使陰陽和，是以養身莫先於養心，養心莫妙於素定。平素能守此，心不失其正則靜焉，不至沉於昏動焉，不至鄰於茫。純乎天理，毫無人欲，即事物雜投，朋從往來，行所無事，閒居獨處，屋漏爾室，罔有懷慚。動能主靜，即靜能生動，養身養心之道得矣。世之聲色貨利，平日縈繞吾身心者，不皆有若無，無若有，色即空，空即色乎？老子抱一為天下式，不外此理。果使此心在身，不即不離，時釀太和，臨時行功，運定自旋轉中節。《大學》云正心，《中庸》云慎獨，《孟子》云寡慾，其功皆在於平時。修士欲知性命，先加省於身心可。

動靜互根說

動靜不失，人所易明，動靜互根，人多不覺。天運行，動也，而四方不移，四序不亂，靜主焉；地持載，靜也，而人物代謝，五寶環生，動使焉。日月盈虧而終歸圓滿，星宿飛度而終歸本位，胥不外動靜互根也，而人亦何獨不然？修士既講求此道，最宜先明動靜之理、動靜之用，動靜互根之法、動靜互根之效方可入門。使動而不靜，如浮萍飛羽，無所定止，精必耗，氣必搖，而神必茫；靜而不動，如枵木死灰，毫無生機，精必頑，氣必餒，而神必倦。唯按《增益易筋洗髓內功全圖》行之，行、住、坐、臥、屈、伸、俯、仰，皆動靜不失其所居，並動中有靜，靜中有動。動中求靜，無動不靜，動極生靜，陽極生陰；靜中求動，無靜不動，靜極生動，陰極生陽。欲使陰陽無偏枯，動靜安可偏勝乎？以動化靜，以靜運動，合乎陰陽，順乎五行，運乎五臟，達乎六腑，貫乎三焦，活乎五官、穴道、關節、經絡、血脈、筋骨、皮肉、毫毛、孔竅，遍體周身，無微不入，無處不通，互根而生，造化無窮。精氣為物，遊魂為變，如日月之代明，寒暑之往來，天道之循環，陰陽之遞嬗，貫四時而不凋，歷萬世而不朽，豈僅補不足、瀉有餘、去舊生新、實內充外、杜外感之諸邪、消內生之百病云爾哉！其用莫妙於盈者消之，虛者長之。一陰一陽，以一上一下運之；一往一復，以一屈一伸引之；一清一濁，以一升一降還之。其靜也專，其動也直，有大生之象；其靜也翕，其動也闢，有廣生之功。是皆動靜也，是皆動靜互根之用也，動靜可歧而二之乎？

正道旁門辨

養身一道，如燒石煉汞服食採補之說，在人身外求之，稍有知識，固知為旁門。而不知授受不真，以訛傳訛者又有四焉。其太過者，如不分清濁，逼氣過關；不明升降，採藥非品，此鹵莽行事助長類也。如血脈未和，即便靜養，關竅未通，既使既濟，此高談玄理默坐類也。坐此成疾，反言出病，逼成幻境，詭言通神，是皆自誤誤人之類。若作五禽鹿鶴龜蛇等圖，坐八錦、行八錦、立八錦、海字勁、十二大勁等功，雖屬《易筋》摘出之法，而或未得真傳，調息不勻，致使水不濟火，火不濟水，道雖正而法不當，亦無益有損。又如齋立靜坐，自謂出於神傳，待坐立多時，使其自然靜極而動，動極而靜，是竊《洗髓》而未得其要也，雖無大壞，亦難見功。意想神馳，又恐入魔，虛懸無據，終非實理。可見取之身外非道，取之身內而不自然，久無效驗，亦非道。此篇所載，皆出自然，不待勉強，而又有一定不易法門。顯而不晦，愈引愈深，簡而不漏，愈行愈妙。運定之節目工夫，無所不備；圓寂之神通法力，循序可臻。行之而有益無損，久之而其妙莫名。苟日新又新，精微奧妙，有不可言傳，真可謂夫婦之愚可以與知。及其至也，雖聖人亦有所不知焉已。

內外功辨

凡行內功，多借外輔，由內達外，內壯而外無不堅。行外功，多假內助，由外及內，外壯而內久必傷。大凡丹經，外運行於內，而內導引者，內功也。內導引於外，而外運行者，外功也。他如全取於外，不問乎內，外功中外功之外也。純求於內，不顧其外，內功中外功之外也。

行功至骨節靈通，氣息調勻，飲食增多，精神倍出時，內外之間，不可不辨。三乘之等，仙凡之界，全判於此，行道者其可忽諸。

元精元氣元神辨

所謂元精，非津液脂髓之精。元氣，非呼吸吐納之氣。元神，非知覺運動之神。元精順可生子，逆可成仙。能採陰陽之菁英，結成為精，生亦能變化無窮，神通廣大。但落於有形，終屬後天之物，上清世界難容。生時不過能養性靈，去後不過能保軀殼。至若元氣元神，既經元精存養多年，功行圓滿，神用之則放大光明，億萬化身，斂之則如混沌一元。氣用之則風雲雷雨變態無端，藏之則與太虛一體。元精足，護元氣元神，不能隨元氣送元神上升。丹家所以煉元精者，為養元氣元神故也。就即生時觀之，元氣元神活活潑潑，虛虛實實，不即不離，極明極靈。元神為元精主宰，元氣作元精驅使。神氣之重，更不待辨而可明矣。

元精次第採補法

人聚五行之精而生，必藉五行所化而養。人身之有元精，如五穀中之有稻米，種於春，長於夏，結實於秋。得純陽之氣，又根養於水，花揚於午，藉水火既濟而生，煉以三伏烈日之氣而成。所以養人之物，稻米為上，足補人身陰陽結成之元精。至五行所化青黃赤白黑、鹹苦酸辛甘之物，五行所屬東南西北中之產，皆非純陰純陽。輔助元精則可，生養元精則不能。可用以治五臟六腑，十二經絡之病，不能補元陽真陰之不足。元精曾煉到蒸之為液，斂之為髓，散之為體，浸之為血，化之為氣，用之為神時候，正宜努力加餐。必待元精充實，始減去五味，每日素餐。漸至元精凝結，可撤去菜蔬，專食熟飯。久久元精靈活，漸有生發，即可煉精。熟米涼水淘淨，瓦器盛貯，瓦蓋緊覆，毋使出氣，彌封筍縫，下以柴火薰之，淺水烘乾，每食以胡麻、松子下之。先熟食，後冷食，漸漸生食，漸漸減食，漸漸專食胡麻、松子漸漸減食胡麻、松子，漸漸不食，方能辟穀，服氣不食。若有麥無稻，先調和後，淨麵先葷食，後素食。先菜下，後胡麻、松子下。減食、熟食、熱食、冷食、不食次第同。工夫至此，已到中乘，到底不懈，足登上乘。世人一念於道，動欲辟穀，即求代餐，致生怪疾，是循末忘本之故也（內胡麻、松子服食法，詳食物本草內）。

煉元丹說

古仙佛所煉之丹，人皆謂為元精、純陽、菩提、舍利子等物。不知此乃仙佛所煉後天金丹，非先天元丹。先天元丹者，畀之降衷，稟之父母，無影無形，無聲無臭，極誠極明，至虛至靈。不煉後天金丹以輔之，則漸失於昏，漸至於無。故藉後天以補先天，即以先天統屬後天。若第以精氣所結為元丹，亦無靈有象之頑物耳，安能出入由己，生死如歸哉？是必煉穀化精，煉精化氣，煉氣化神，結成金丹，以善養元丹於活潑潑地。靜待天命，安能脫化？斯古仙佛上乘工夫。

養嬰辯

養嬰之法，修養與胎養不同。胎養之嬰，精成形而神具焉。修養之嬰，神入定而氣送焉。胎養之嬰，藉氣以聚神，以活。修養之嬰，藉精以蓄氣，以導。胎養者，由氣生精，由精生神。修養者，以氣斂神，以神調精。胎養之嬰成，有神御氣以送精，所先出者為精，是因先天而有後天也。修養之嬰，以氣煉精而存神，所中主者為神，是以後天而補先天也。常人不知護蓄，成人後精必虧，氣必餒，歸時精頑氣落，神與俱散而入於鬼。修士善於保重，成功後精必凝，氣必結，歸時精完氣升，神隨之出，而存其靈。《禮記》所謂魂氣升於天，形魄歸於地。《中庸》所謂弗見弗聞，體物不遺者，皆此意也。嬰何由能出？其體至輕，其用至靈，以氣之至輕，送神之至靈，自與輕清上浮之天契合無間，安能不出入上清乎。要之，嬰之能出，必由定之能入。定之能入，必由運之能久。嬰由昏而明，明而清，清而輕，輕而虛，虛而靈，靈而神，斯與天地合撰，日月合明，四時合序，鬼神合吉凶矣。盡人合天，舍此何從。其理精粹，其事平庸，人習焉不察，遂忽焉不覺耳。慎毋惑於旁門左道，以身中有形之精為嬰也。有形之精，在身中是一塊血肉，非輕清之品，如何能到上清世界？世俗所稱肉身成聖，是以肉身修成聖人；拔宅飛升，是合一宅而飛空上升耳，豈身與宅可安置於上界哉？縱世有傳說，皆後人附會之詞也，揆之於理，萬難取信。

返歸說

人生世間，無論賢愚、仙凡、富貴、貧賤，俱有返歸之期，儒家謂之全終，釋家謂之坐脫，道家謂之羽化。聖賢仙佛全始全歸，志氣清明，故上而伸之為神。庸愚昏暗，氣盡力竭，神志彷彿，故返而歸之為鬼。神鬼關頭，在此攸分，此時固宜仔細把握，而平日尤當時時警覺，念念不忘。寡尤、寡悔、寡過、寡慾，保身有方，養身有術，日新又新，永無間斷。陽之精聚，陰之靈結，純陰純陽，菁華積而成為輕清上浮氣象，則元神主宰，返本歸原。身至陽極陰極之區，毫無損折，何難與仙佛聖賢同拜金母木公也哉。若不明修煉，清濁混身，不特不能使純陽之氣升而又升，直接上清；純陰之氣降而又降，下臨無地，即此半陰半陽之世，恐亦難保長生矣。

運氣說

修養必先運氣者，蓋以氣為精神樞紐，並為一身樞紐耳。精之在身，如水之在地。精之發源於天河，注於臟腑，達於肢體，如水之發源於崑崙，散於溝瀆，會於河海。身之有神，是運氣化精之主宰，而氣則如二，氣之流行於四時，分散於四方，下降上騰，清升濁降，陽之積而成日，陰之凝而成月。日月運行，一寒一暑，能使形形色色化生無窮，始而復終，終而復始，生機遂以不絕。人若知導引諸法，雖起居飲食，偶失時節，一為吸濁呼清，俾輕浮重凝而血脈筋絡通達無滯，則竅竅玲瓏，節節流通，亦能使寒熱瘟疫化為烏有。至功力已到搬運漸熟，呼吸頃刻上至天庭，下墜海底，中及四肢，三焦諸暢，百體調和，縱有微恙，登時即除，安能為殃。譬之陽極陰極之時，鬱而積為烈風、迅雷、陰雲、淫雨、雪雹、酷日之災，一經二氣運行，分陰分陽，終無天昏地慘、天崩地裂之變，久仍歸於陰陽平而四時和也。天地之氣，豈自開闢即失其常哉，亦由人心不古，呼吸達天，天人相應，積而生變，所以上古天時與晚近不同。皇初人壽與後世不同，墳典所在，不盡荒謬妄誕也。人能運氣生精，使精生神，則五臟六腑、十二經絡以及四肢百體、毫毛皮膚皆有光天化日氣象，無嶂翳昏迷境界，不亦羲皇上人哉。諺語云：人亦小天地，洵不誣也。古仙人云：服氣不死。又曰：還丹永命。氣是添年藥，心為使氣神。若知行氣訣，便是學仙人。皆為導引逆流而發也。修煉之士，可不留心於呼吸哉？

氣為官骸使說

身有三寶，曰精氣神，而氣尤一身至寶。人身五官百脈、知覺運動，精聚之，神主之，氣用之，不知運法，清濁莫辨，精頑神昏。故古仙人服氣必先運氣，運氣始能分氣，分氣始可服氣，服氣乃能煉氣，煉氣方能和氣，和氣方可定氣，溯先天而後天。身心俱是父母一氣所感，天地一氣所結，感而結成，始有胎嬰，乃精也，是由氣生精之證也。胎在母腹，漸漸長成，始有知覺，乃神也，是又由精生神之證也。由先天而後天，分身而出，飲食漸加，漸長漸強，是運氣化穀之證也。成人之後，精髓漸滿，即能生育，是運氣化精之證也。弱冠以往，知識漸開，童心漸失，恃強好勝，心花怒發，志慮心思於斯為密，功名事業在此立基，是運氣化神之證也。常人不知運化填補之法，隨稟賦以順時令，故氣有時而衰，精有時而虧，神有時消磨殆盡，亦隨精而滯，氣而散。即有存者，內損外頹，官骸皆疵。得此傳而依圖順行，功無間斷，則重如艮山，輕如巽風，溫潤如兌澤，迅速如震雷。乾坤坎離，生生不絕。寄生則精足神完而氣彌綸以貫之，脫化則精凝神出而氣升騰以送之。誠而通，通而復，復而通，通而誠。陰陽相摩，八卦相蕩，日月運行，寒暑迭更，出入由己，隱現隨心，放之則彌，卷之則藏。不垢不淨，不生不滅，臻斯純境，一氣所結，氣為一心妙用，氣即為百體軀策也已。

氣有度數證

丹經謂一氣運行出入身中，一時凡一千一百四十五息，一晝夜計一萬三千七百四十息，出入之息以踵，存於至深淵默之中。氣行無間，綿綿若存，寂然不動，與道同體。若盛氣哭號，揚聲喊誦，吹笛長歌，多言傷氣，皆非養生之道。故功行呼吸出入，不可不以緩急度數為要。

心有日月證

心有日月，其說非妄。古仙云：凡存心中有日象，大如錢，在心中赤色有光芒，從心中上出喉，至齒間不出，迴環胃中。如此良久，臨目存見，心中胃中分明，乃吐氣嚥液三十九遍，日出時、日中時行之。一年除疾，五年身有光彩，十八年得道，日中行無影，辟百邪千災之氣。常存日在心，月在泥丸中。晝服日，夜服月。服月法：存月光芒白色從腦中入喉，又復至齒而嚥入胃，一云常存月。一月在十五日以前服，十日以後不服。月減光芒損天氣，故即止也。

玉環穴說

《銅人針灸圖》載臟腑一身穴道，有玉環穴。余不知玉環在何處。張紫陽《玉清金華秘文》論神仙結丹處曰：心下腎上，脾左肝右，生門在前，密戶居後，其運如環，其白如綿，方圓徑寸，蓄裹一身之精粹，此即玉環。醫者論諸種骨蒸，有玉房

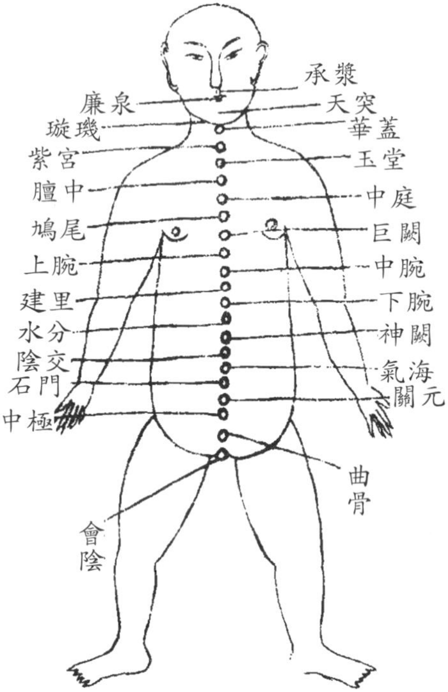

蒸，亦是玉環。其處正與臍相對，人之命脈根蒂也。

任脈者，起於中極之下，以上毛際，循腹裏上關元，至咽喉，屬陰脈之海也。中行凡二十四穴。

頤前

承漿一穴：一名天池，在頤前唇下陷中，是陽明之會。

頷下

廉泉一穴：在頷下結喉，上舌本，陰維任脈之會，仰而取之。

膺腧

天突一穴：一名玉戶，在頂結喉下四寸宛宛中。

璇璣一穴：在天突下一寸陷中。

華蓋一穴：在璇璣下一寸。

紫宮一穴：在華蓋下一寸六分。

玉堂一穴：一名玉英。在紫宮下一寸六分。

膻中一穴：一名包絡。在玉堂下一寸六分，直兩乳之中間。

中庭一穴：在膻中下一寸六分。

腹中行

鳩尾一穴：在蔽骨之間，言其骨垂下如鳩狀，故名。腹前蔽骨下五分。

巨闕一穴：在鳩尾下二寸，心之幕也。

上腕（點校：當為「脘」字）一穴：在巨闕下一寸五分，去蔽骨三寸，任脈、手太陽、足陽明之會也。

中腕（點校：當為「脘」字）一穴：在臍下四寸，胃幕也。三陽、任脈之會，謂上紀也。

建里一穴：在中腕（點校：當為「脘」字）下一寸。

下腕（點校：當為「脘」字）一穴：在建里下一寸，足太陽、任脈之會，為幽門。

水分一穴：在下腕（點校：當為「脘」字）下一寸。

神闕一穴：在臍中。

陰交一穴：在臍下一寸。

氣海一穴：在陰交下五分。

石門一穴：在臍下寸三分。

關元一穴：在臍下二寸，小腸幕，謂下紀也。三陰、任脈之中。

中極一穴：在臍下四寸，一名元氣，足三陰之會。

曲骨一穴：在橫骨上、中極下一寸毛際動脈處，足厥陰之會。

會陰一穴：在大便前、小便後，一名尾翳，兩陰間是也。

李時珍曰：任為陰陽之海，其脈起於中極之下，少腹之內，會陰之分（在兩陰之間），上行而外出，循曲骨（横骨上毛際陷中）上毛際，至中極（臍下四寸，膀胱之幕），同足厥陰、太陰、少陰並行腹裏，循關元（臍下三寸，小腸之幕，三陰、任脈之會），歷石門（即丹田，一名命門，在臍下二寸，三焦幕也），氣海（臍下一寸，男子生氣之海），會足少陽、衝脈於陰交（臍下一寸，當膀胱上口，三焦之幕），循神闕（臍中央）、水分（臍上一寸，當小腸下口），會足太陰於下脘（臍上二寸，當胃下口）。歷建里（臍上三寸），會手太陰、少陽、足陽明於中脘（臍上四寸，胃之幕也），上上脘（臍上五寸）、巨闕（鳩尾下一寸，心之幕也）、鳩尾（蔽骨下五分）、中庭（膻中下一寸六分）、華蓋（璇璣下一寸）、璇璣（天突下一寸），上喉嚨，會陰維於天突、廉泉（天突在結喉下四寸，廉泉在結喉上，舌下中央），上頤；循承漿與手足陽明、督脈會（唇下陷中），環唇，上至下齦交，復出分

督脈圖

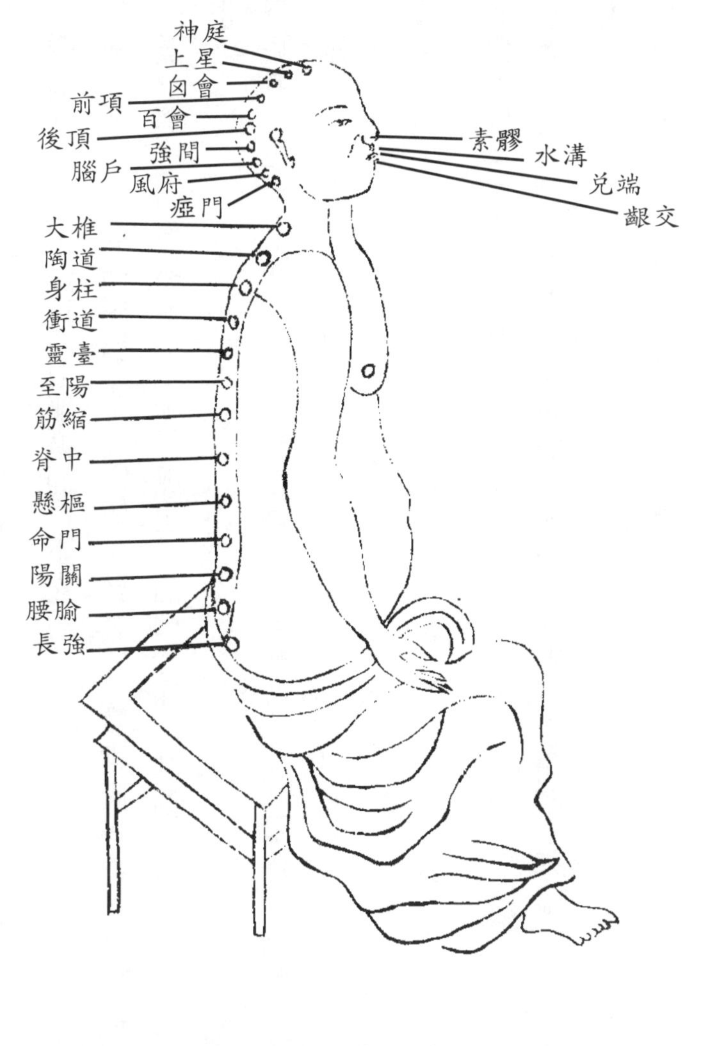
神庭
上星
囟會
前項
百會
後頂
強間
腦戶
風府
瘂門
大椎
陶道
身柱
衝道
靈臺
至陽
筋縮
脊中
懸樞
命門
陽關
腰腧
長強
素髎
水溝
兑端
齦交

行；循面，繫兩目下之中央而終（直瞳子陷中二穴）。凡二十七穴。

《難經》、《甲乙經》並無循面以下之說。

任衝之則絡，名曰尾翳、下鳩尾，散於腹。實則腹皮痛，虛則癢搔。《靈樞經》曰：缺盆之中，任脈也，名曰天突。其側動脈入迎，足陽明也。

督脈者，起於下極之腧，並於脊裏，上至風府，入腦上巔，循額至鼻柱，屬陽脈之海也。中行凡二十七穴。

鼻柱下：

素髎一穴：在鼻柱上端。

水溝一穴：一名人中。在鼻柱下人中。督脈、手陽明之交會。

兌端一穴：在唇上端。

齦交一穴：在唇內齒上。督任二脈之會。

額上行：

神庭一穴：直鼻上入髮際五分。督脈、足太陽、陽明三脈之會。

上星一穴：在神庭後入髮際一寸。

囟會一穴：在上星後一寸五分。

前頂一穴：在囟會後一寸五分。

百會一穴：一名三陽五會。在前頂一寸五分，頂中央旋毛中陷容豆。督脈、太陽之會交。

頂後至項：

後頂一穴：一名交衝。在百會後一寸五分。

強間一穴：一名大羽。在後頂後一寸五分。

腦戶一穴：一名迎風，一名合顱。在枕骨上強後一寸五分。督脈、足太陽之會。

風府一穴：一名舌本。入項髮際一寸、腦戶後一寸五分，項大筋內宛宛中。

瘂門一穴：在風府下。

背脊下：

大椎一穴：在第一傾上陷中。三陽、督任所發。

陶道一穴：在項大椎節下間，督脈、足太陽之會。

身柱一穴：在第三椎節下間。

衝道一穴：在第五椎節下間。一名神道。

靈台一穴：在第六椎節下間。

至陽一穴：在第七節椎節下間。

筋縮一穴：在第九椎節下間。

脊中一穴：在第十一椎節下間。

懸樞一穴：在第十三椎節下間。

命門一穴：在第十四椎節下間。

陽關一穴：在第十六椎節下間。

腰腧一穴：在第二十一椎節下間。

長強一穴：在脊骶瑞。

李時珍曰：督乃陽脈之海，其脈起於腎下胞中，至於少腹，乃下行於腰橫骨圍之中央，繫溺孔之端。男子循莖下至篡，女子絡陰器，合篡間，俱繞篡後尾翳穴（前陰後陰之間也）。繞臀，至少陰與太陽中絡者，合少陰上股內廉，由會陽（在陰尾尻骨兩旁，各二穴）貫脊，會於長強穴。在骶骨端與少陰會，並脊裏上行，歷腰腧（二十一椎下）、中樞（十椎下）、筋縮（九椎下）、至陽（七椎下）、靈台（六椎下）、衝道（五椎下）、身柱（三椎下）、陶道（大椎下）、大椎（一椎上），與手足三陽會合。上瘂門（頂後入髮際五分）會陽維，入舌本，上至風府（頂後入髮際一寸大筋宛宛中）會足太陽、陽維同入腦中，循腦戶（在枕骨上）、強間（百會後三寸）、後頂（百會後一寸半）、上巔。歷百會（頂中央旋毛中）前頂（百會前一寸半）、囟會（百會前三寸，即囟門）、上星（囟會前一寸），至神庭（歷囟會二寸，直鼻上入髮際五分）為足太陽、督脈之會。循額中，至鼻柱，經素髎（鼻柱頭也）、水溝（即人中），會手足陽明至兌端（在唇上端），入齦交（上齒縫中），與任脈、足陽明交會而終。凡三十一穴。督脈別絡。自長強走任脈者，由小腹直上，貫臍中央，貫心，入喉，上頤，環唇，上繫兩目之下中央。會太陽於目內眥睛明穴（見陰蹻下），上額與足厥陰同會於巔。入絡於腦。又別自腦下項，循肩胛，與手足太陽、少陽會於大椎（點校：據李時珍《奇經八脈考》，「大椎」為「大杼」）第一椎下兩旁，去脊中一寸五分，復下脊，抵腰，循臍（點校：據李時珍《奇經八脈考》，「臍」為「脊」）絡腎。《難經》曰：督脈、任脈，四尺五寸，共合九尺。

《靈樞經》曰：頸中央之脈，督脈也，名曰風府。

張潔古曰：督者，都也，為陽脈之都剛。任者，妊也，為陰脈之妊養。

任督二脈圖說辨

任督二脈為陰陽之海，人之脈比於水，故曰脈曰海。任者，妊也，凡人生育之本也。脈起於中極之下，以上毛際，循腹而上咽喉，至承漿而止，此陰脈之海。督之為言都也，為陽脈之都綱。起於尾閭，由夾脊、玉枕循頂額下鼻柱，至上齦而止。此陽脈之海，人皆知之。然前列任督二圖，是常人生陰生陽經行道路，非修煉家導引法門，故博採醫家丹家諸說於後，用備修士參悟，以知二脈起止交會之所、錯綜分合之機，便於行通關逆流之法也。王海藏曰：陰蹻陽蹻，同起跟中，至肩井而相連。任脈督脈，同起中極之下，至水溝相接。

滑伯仁曰：任督二脈，一源二歧，一行於身之前，一行於身之後，人身之有任督，猶天地之有子午，可以分，可以合。分之以見陰陽之不離，合之以見渾淪之無間，一而二，二而一者也。

李時珍又曰：任督二脈，人身之子午也，乃丹家陽火陰符升降之道，坎水離火交媾之鄉。故魏伯陽《參同契》云：上閉則稱有，下閉則稱無。無者以奉上，上有神德居。此兩孔穴法，金氣亦相須。崔希範《天元人（點校：當為「入」字）藥鏡》云：上鵲橋，下鵲橋，天應星，地應潮。歸根竅，復命關。貫尾閭，通泥丸。《大道三章直指》云：修丹之士，身中一竅，名曰元牝。正在乾之下，坤之上，震之西，兌之東。坎離交媾之鄉，在人身天地之正中，八脈九竅、十二經絡聯轃，虛間一穴，空懸黍珠。醫書謂之任督二脈，此元氣之所由生，真息之所由起。修丹之士不明此竅，則真息不生，神化無基也。俞琰註《參同契》云：人身血氣往來循環，晝夜不停。醫書有任督二脈，人能通此二脈，則百脈皆通。《黃庭經》曰：皆自心內運天經，晝夜存之自長生。天經吾身之黃道，呼吸往來於此也。鹿運尾閭能通督脈，龜納鼻息能通任脈，故二物皆長壽。此數說皆丹家河車妙旨也，而藥物火候自有別傳。

海藏又曰：張平叔言鉛乃北方正氣，一點初生之真陽為母，其蟲為龜，即坎之二陰也，地軸也。一陽為蛇，天根也。陽生為子，藏之命門，元氣之所繫，出入於此。其用在臍下，為天地之根，元牝之門，通厥陰，分三歧為三車。降則通關，升則接離補坎而成乾，陰歸陽化，是以還元。至虛至靜，道法自然，飛升而仙。

骨數

人有三百六十五節，按周天三百六十五度。男子骨白，婦人骨黑。髑髏骨，男子自頂及耳並腦後，共八片（蔡州人有九片）。腦後橫一縫，當正直下至髮際，別有一直縫。婦人只六片，腦後橫縫，當正直下無縫。

牙有二十四或二十六或三十六。胸前骨三條。心骨一片，狀如錢大。

項與脊骨各二十四節（自項至腰，共二十四椎骨，上有一大鎚骨。人身項骨五節，背（點校：「背」當為「脊」字）骨十九節，合之得二十有四。是項之大鎚，即在二十四骨之內）。

肩井及左右飯匙骨各一片。

左右筋骨，男子各十二條，八條長，四條短。婦人各十四條。男女腰間各有一骨，大如掌，有八孔，作四行樣。手腳骨各二段，男子左右手腕及左右臁筋骨邊，皆有髀骨（婦人無）。兩足膝頭各有筋骨隱其間，如大指大。手腳板各五縫，手腳大拇指並腳第五指各二節，餘十四指並三節。尾蛆骨若豬腰子，仰在骨節下。男子者，其綴脊處凹，兩邊皆有尖瓣如菱角，周布九竅；婦人者，其綴脊處平直，周布六竅，大小便處各一竅。

筋絡

足太陽之筋，起於足小指，上結於踝，斜上結於膝。其別者，結於腨膕中，結於臀，上挾斜上項（點校：《靈樞・經筋》作「上挾脊上項」）。其支者，入結舌本。其直者，結於枕骨，上頭下額，結於鼻。

其支者，為目上綱，下結於頄。

足少陽之筋，起於小指次指，結外踝，結於膝下。其支者，上走髀（點校：「脾」，《靈樞·經筋》作「髀」）。前者結於伏兔，後者結於尻。其額角交巔上，下走頷，結於頄。

足陽明之筋，起於中二指，結於跗上，加輔骨上結於膝，上脾（點校：「脾」，《靈樞·經筋》作「髀」）樞，上脇屬脊。其直者，循伏兔上結於髀，聚於陰器，上腹而布，至於缺盆，上頸，挾口，合於頄，下結於鼻，上合於太陽。太陽為目上綱，陽明為目下綱。

足太陰之筋，起於大指之端，上結於內踝。其直者，絡於膝，循陰股結於髀，聚於陰器，上腹，結於臍，循腹裏，散於胸中，著於脊。

足少陰之筋，起於小指之下，斜走內踝之下，陲上於內輔之下，循陰股，結於陰器，循脊內，上至項，結於枕骨，與足太陽之筋合。

足厥陰之筋，起於大指之上，結於內踝，上循脛，上結內輔之下，上循陰股，結於陰器，絡諸筋。

手太陽之筋，起於小指之上，結於腕，上循臂，結於肘，入結於腋下。其支者，上繞肩胛，循頸，結於耳後完骨。支者入耳中。直者出耳上，屬目外眥。

手少陽之筋，起於小指次指之端，結於腕。上循臂，結於肘。上肩，走頸。其支者，入繫舌本。上曲牙（點校：上曲牙，《靈樞・經筋》作：「其支者，上曲牙」）。循耳前，屬目外眥。

手陽明之筋，起於大指次指之端，結於腕，循臂，結於肘，上臑，結於髃，其支者，繞肩胛，挾脊。

手太陰之筋，起於大指之上，結於虎口，上循臂，結肘中，上臑，入腋下，出缺盆，結髃上（點校：結髃上，《靈樞・經筋》作「結肩前髃，上結缺盆」），下結胸裏，散貫於下，抵肋。

手厥陰之筋，起於中指，結於肘，上臂陰，結腋下，挾脇。其支者，入腋，散胸中，結於臂。

手少陰之筋，起於小指之內，結於銳骨，上結肘，入腋，挾乳裏，結於胸中，下緊於臍。

通關說（運功）

通關一法，非駕陰陽二蹻不行。陰陽二蹻，乃水之河車，火之輪車，一身氣道之樞紐。陰蹻起，則後三關可直沖上頂。陽蹻駕，則前三關可直貫注底。翻陰蹻、翻陽蹻時，氣又可翻下逆上。分而言之，陰蹻起於根，舉於足，陽蹻起於肩，駕於手。合而言之，陰陽蹻皆起於足，應於手。陰蹻起則任督通，陽蹻駕則鵲橋、尾閭應。陰陽蹻上下交應，則吸可到底，呼可至巔。上下順逆錯綜變換，如意運行，轆轤轉而玉環活，氣道關竅無阻滯，亦無障蔽。故古人云，掌合指立，陰陽蹻通。

通關訣（定功）

坐定之際，檢點鼻息。一吸入底，一呼即起。呼吸一周，流通灌溉。如波急流，如泉噴吸。上下回環，周流不已。悟透此法，關通竅利。先緩後急，既急復徐。徐徐導引，源歸滴滴。還本全真，天機秘密。

周身前後通關圖式

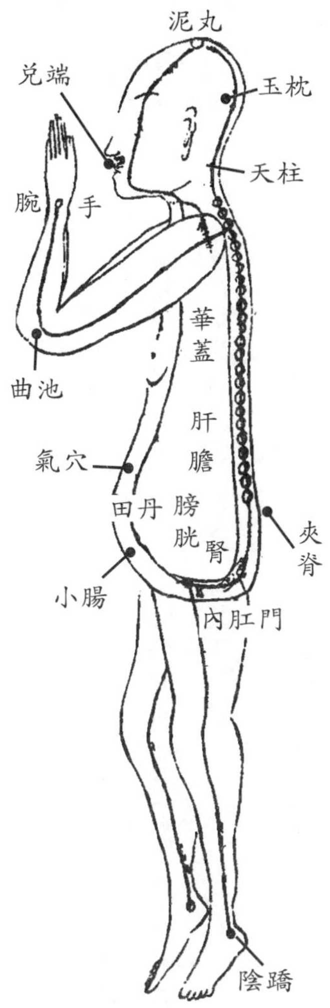

坐身內功正面圖式

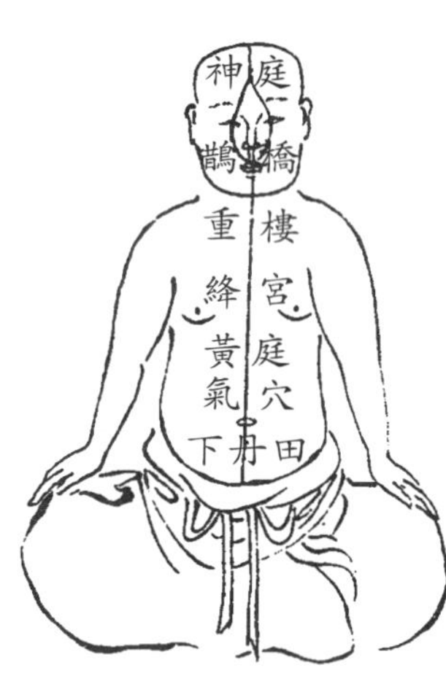

坐身內功背面圖式

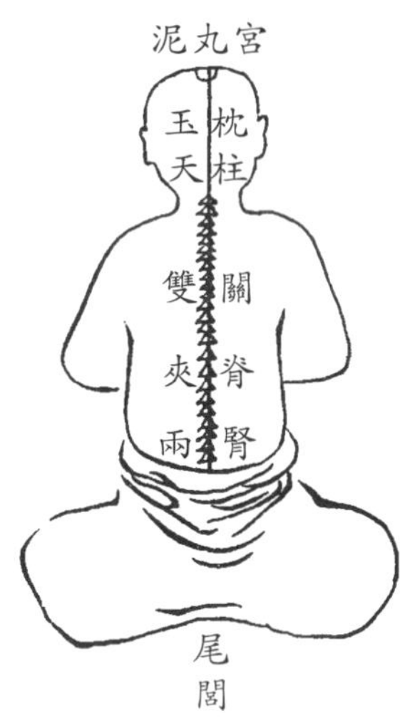

此前九圖（點校：按此版本，前文僅三圖。可參閱第十三卷定身圖說），運功周身前後氣道貫通關竅，法詳前九圖說中。

坐身內功正面圖式

此坐身定身正面氣道往來關竅，法詳正身定身圖說中。

坐身內功背面圖式

此坐身定身背面氣道往來關竅，法詳正身定身圖說中。

行功始末

起功時，要調息定氣，壹志凝神。行功時，要起腳掛指，離地乘空。收功時，要清升濁降，關透脈通。前九圖通關分氣，正身圖運氣還方，惟定身圖轉運轆轤，搬動河車，采藥煉丹，和神養性，出定入定，渾然太極，升則醍醐灌頂，降則丹穴充盈，散則遍及六合，卷則緊藏個中，行持無間，妙緒莫名。

起功訣

環拱立身直如松，腳跟虎膝莫漏空。兩耳垂肩鼻對胸，合眼平視一尺中。

收功訣

九轉丹成得氣清，坎離交構兩儀生。縱橫上下歸存養，運定功全緩緩行。

呼吸論

呼吸與吐納有異，呼吸是吸下呼上，吐納是吐出納入。吐納可分清濁而不可合陰陽，呼吸可合陰陽而並可分清濁。易筋洗髓工夫吐納少，呼吸多。先吐納，後呼吸。呼吸有順有逆，順以運一身清氣，逆以合兩儀清氣。用法次第規模，詳各圖說及歌訣中。

呼吸歌（總訣）

一吸通關，一呼灌頂。一屈一伸，一濁一清。雷鳴地震，清濁攸分。一升一降，一陽一陰。上下順逆，陰陽交生。河車搬動，轆轤時行。三百六五，運煉丹成。

呼吸訣（次第）

一呼水生，一吸火聚。再吸再呼，火騰水起。三度交關，坎離相濟。吸七呼七，周而復始。二七十四，重複不已。三七二一，三復功畢。九九八一，純陽至極。運行三百，六十五氣。往來不窮，周天之紀。先吸後呼，達摩真諦。圖曰呼吸，俗語如此。導引內功，呼吸第一。無多無少，不徐不疾。氣不可湊，志不可移。亦不可餒，無過不及。出入不聞，定氣調息。

又訣（三等）

入手起功，漫用呼吸。未納菁英，先吐濁積。一吐一納，生新去餘。行至坐身，乃用呼吸。學成之後，清濁分析。初勢既畢，呼吸如式。恐有濁礙，酌量追逼。一圖數圖，多寡不拘。俟濁盡淨，呼吸隨及。純清無濁，功起即起。

應響歌

合掌拱立心不搖，左右舒伸肝肺調。雙手插雲理三焦，仰面朝天固腎腰。屈肱折臂和脾胃，河車運動坎離交。屈伸俯仰功行滿，皮膚筋骨髓堅牢。鵲橋尾閭呼吸應，關鎖孔竅與毫毛。鼓動喉舌唇牙齒，能使天河倒湧潮。導引逆流周復始，汲精補髓飲醇醪。搬弄耳目口鼻心，清升濁降長復消。龍行虎奔百脈運，旋轉日月神致飄。運化精氣神三昧，穴道關竅擁風濤。順逆樞紐交相構，無根水火潤而燒。氣生精又精生氣，心自明兮神自昭。凝神屏氣嬰活潑，出定入定性陶陶。督任玉環頻影照，藥物火候元命苞。強筋壯骨猶小效，靈丹一粒種心苗。

行功存想要訣

黃庭上應泥丸宮，鵲橋尾閭竅玲瓏。牙叩齒關舌抵腭，唇包口合喉漏空。龍行虎奔眼耳送，通關灌頂意相從。臟腑筋絡隨勢走，關節孔竅氣使通。吸濁呼清迴環轉，上升下降頃刻逢。九轉丹成身入定，精足神完氣盈充。若有若無歸圓覺，虛靈活潑滿蒼穹。夾脊雙關容易上，重樓氣海皆崆峒。絳宮腰腎隨能透，天柱玉枕詎難沖。神庭出入須仔細，臍下丹田是化工。水火發生任督處，坎離交關頭頂中。意至氣至針誰度，達摩心傳造化功。

七字真言

七字真經，妙諦傳心。一曰恭敬，恭敬則誠。二曰清靜，清靜則存。三曰潔淨，潔淨則明。四曰切近，切近則真。五曰精進，精進則深。六曰窮盡，窮盡則純。七曰究竟，究竟則神。毋為異驚，毋使奇爭。可名非名，官止神行。明明渾渾，玄妙之門。

平時念頭

心不外用，神不外馳。意有所注，氣有所歸。

功貴得傳

古今求道者眾，而得道者累世不一見。非道不可仰企也。由渡水不知津，登山不識徑，欲臻彼岸、躋絕頂，難矣。是欲求其道，當先明其法。欲明其法，必先得其傳。何也？圖中莊嚴法相，固顯而易見，而其中之體勢、氣數、吐納、呼吸、屈伸、上下、升降、順逆、起止、旋轉、錯綜變換、導引逆流、存想運定，與夫湯洗、搓揉、採補、搗鍊諸法，差若毫釐，謬以千里，不經師傳授，模仿行之，未必穴道針對，天骨開張，經絡關竅毫無阻滯，陰陽水火兩無偏廢也。師心自用，貽累勿怪。既得其傳，又遇高明，宜無常師，以補不逮。切忌一得自鳴，恥於請教，遂執一境，以自封焉。

功宜按部

十二圖式，是就人之行住坐臥，挨次運運而定俯仰抑揚之法。愈進愈緊，規矩準繩，井井有條，絲毫無紊。若不循次第魯莽造次，顛倒錯亂，不惟無益，而反有損。行功者切忌之。

功宜有恆

凡行功至百二十日後，便覺加餐、健步、長氣、增神、發體、壯力、添液、生精、明目、達聰、開胃、醒脾、強筋、堅骨，皆初驗也。行持不懈，更有進境。總期自然，不可助長。至於調息輕重、呼吸長短、運力大小、導氣緩急、採藥之多寡、相濟之安勉、導引之遲速、動靜之得失、出入之定移，不可蹴至。深者見深，淺者見淺。工夫至此，未可言傳，神而明之，存乎其人。然自初覺至化境，工夫不外壹志凝神，原始要終八字。儒曰盡心知性，釋曰明心見性，仙曰修真養性，胥是道也。舍是別求，中道而止，不專心致志，安得上乘？是必採取三昧，常守三寶，一貫三才，斯能脫胎換骨，代毛洗髓。既志於道，又胡旋作旋輟耶？至道難求，得之而廢半途、止一簣，與求之弗得等耳。豈不惜哉。

功宜知避

行功凡遇疾風迅雷、暴雨閃電、黃沙大雹、虹見霧重、日食月食、嚴寒盛暑、天變地震、疫氣妖氣、邪魔怪異、狎褻鬧攘、臭穢腥膻、五濁雜氣，鬱熱伏室暖閣，露宿灶前靈房，重傷將便，大醉過飽以及男女房事前後一時，女子胎前八月，產後四十日，萬不可行，行之無益有損，覺道者不可不忌。

功有六益

調和血脈，細膩皮膚，強壯筋骨，增長氣力，健旺精神，涵養性靈。

功有十驗

寒暑不入，疾病不生，顏色不老，強健不衰，凍餓不迫，生育不殀，戰鬬不惴，虎狼不懼，刀斧不傷，水火不損。

功有三不思

精足不思淫，氣足不思食，神足不思睡。

物有三練

鹿練精，龜練氣，鶴練神。

物有二聚

虎能聚陽，蛇能聚陰。

人有三傷

過慮傷精，多言傷氣，久視傷神。

人有九損

喜極損肺，怒極損肝，衰極損腸，懼極損膽，飽極損胃，餓極損脾，情極損腎，動極損陰，靜極損陽。

呼吸輕重次序

呼吸之法，由微而大，由大而化。起功靜生動，緩緩呼吸。打坐靜生動，極又動生靜，綿綿呼吸。入定後，動極靜極，動靜互根，不覺呼吸。自然呼吸，不覺者化其有，自然者化其無。微無內又無不著，大無外又無見。究竟之地，渾化之天，無忘無助，無聲無臭，致中致和，是其至處。

程效限期

仙佛得道，少年、中年、髦年不一。道同一源，人各萬殊，有稟賦強者，有稟賦弱者；有根基深者，有根基淺者；有人緣厚者，有人緣淺者；有得傳早者，有得傳晚者；有明道速者，有明道遲者；有行功急者，有行功緩者；有大數宜長者，有大數宜短者；有已成而故留於世者，有成後而復出於世者。證果先後不等，火候次第宜知。程效限期：七日曰來復，二七曰反復，三七曰三復，七七曰重復。九日曰陽明息，二九曰陽明復，三九曰陽明回，一曰三陽回，九九曰陽明極。六十日曰半丹，一百二十日曰全丹。百日曰築基，十二月依次曰度，總名一年曰小周天，三年曰小成，九年曰大成，十二年曰一紀，亦曰大周天。三十年曰一世，六十年曰一甲。以七數推之，七月曰月來復，十四月曰月反復，二十一月曰月三復，四十九月曰月重復。七年曰年來復，十四年曰年反復，二十一年曰年三復，四十九年曰年重復，七十年曰大來復。以九數推之，九月曰少陽息，十八月曰少陽復，二十七月曰少陽回，八十一月曰少陽極。九年曰太陽息，十八年曰太陽復，二十七年曰太陽回，八十一年曰太陽極。九十年曰大成會，百年曰圓滿會，百二十年曰大紀會，又曰重甲會。功以一百二十年為滿。上品根基，百日築基，三年辟穀，一紀飛升，至速也。下此成期不等。至緩者，亦萬無有經百二歲而不成者也。此期未得，加加前進，以待後期，若始勤終怠，功荒末路，初是轉非，業敗垂成，情牽意移，動用別途，志滿氣盈，效期旦夕，皆與為山九仞，終虧一簣等也。百年修持，何苦廢於一旦哉。

跋

《易筋》、《洗髓》二經並十二圖，如來真諦，祖師秘傳，後進末學，何敢妄贊一辭。然斯道自初祖流傳僧俗祖師，如後五祖及般剌密諦、徐鴻客、虬髯、李藥師、岳鵬舉、牛鶴九、馬僧、金環女僧、周嘉福、徐全來、周斌、潘偉、王老蓮、空悟和尚諸老宗師，皆有增益演傳，大道果得。少林嫡派。不背師傳，摩挲日久，中有心得，傳箋注釋，不無小補。茲《增演易筋洗髓內功圖說》一書，本少林靜一老師而傳，原名《增益易筋洗髓內功圖說》，皆歷代僧俗祖師增益集成。義蘊雖該，理多奧隱，文多梵音，不演以華言，初學難解，縱有其書，無由播傳。余得傳時，師曾授意於余，口講指畫，命余演說。意謂有心得後，無妨增演而發明之，以昭來學。余不才，多負師命，而凡有所得，罔不考證前型，申言其義，未敢杜撰一字。所有增益演說處，胥證以釋門藏典及各語錄，參以道藏大成、百子全書及各家丹經全集，合以醫經針灸脈穴、儒家易理性理等書，凡有與斯道合者，滙而輯之，演說廣義，推闡其旨。顏書曰《增演易筋洗髓內功圖說》，非關工夫真正實際，一切勸道贊道禪語佛偈文詞詩歌悉掃而空，非若別種釋部專侈空譚，罕露真機，幾於把斷要津，使金鉢盂暗沉海底也。是書明度金針，實皆黃庭要道，心傳衣鉢，已駕仙佛梯航，語淺近，義精深，學者字字體貼，圖圖留心，朝夕行持，永無間斷，淺之可卻病延年，深之可羽化飛仙，粗之可強精壯力，精之可入聖超凡，健步輕身，猶其餘事，出神入定，乃證全功，詎可與六花技、海字功、十二勁、鹿鶴龜蛇五禽等圖例觀哉。是非聰明正大，素有根基，而又久於其道者，不能辨此。

卷二

第三卷

正身圖說

運功總說

行功所用推挽、托按、排跌、起頓、操握、提抱、周折、旋轉、擺扭、翻倒、屈伸、俯仰、抑揚、曲直、分合、彎環、順逆、上下、錯綜、互易、升降、呼吸、氣勢、度數，各法俱宜挨身變換，順勢而行，必使迴旋如意，操縱自然，方為合度，萬不可另起爐灶。此經圖勢，雖多皆取清浮濁凝、陽動陰靜之理，以搬運乎五臟六腑、十二經絡，次序釐然不亂，法每而勢一貫也。學者細心體之。

初勢吐納說

第一圖，環拱正立勢，是為吐濁納清而設。恐人過了一日，宿了一

夜，中有起居不潔、飲食不精，致生濁氣。故先以吐納分之。第二勢起功，始做呼吸。說中所謂出者，非下吸也，吐出濁氣也；所謂入者，非上呼也，納入清氣也。凡行功一度俱宜準此。

正身圖二十七勢

環拱正立勢

凡行功時，要將腳跟靠緊，腳尖立地。左手陽掌，右手握固，安放黃庭之上。兩膝直立，豎起脊樑，使耳對肩，鼻對胸。合眼收神，平視不出一尺之外。牙關叩緊，舌抵上腭，氣由鼻出。然後調息定氣，壹志凝神，記氣出入三

獻杵起功勢

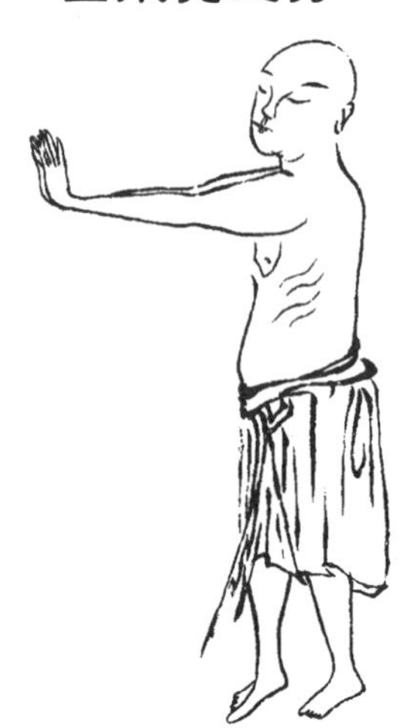

出爪亮翅勢

口，開步獻杵，由此起功。

獻杵起功勢

此勢直立腰膝，高聳脊樑。腳跟離地，腳尖掛趾。兩手向前，回抱合掌，指尖齊於鼻尖，仍計氣呼入三口，順勢推出，再做下勢。其餘耳鼻相對、收視、叩齒、抵腭諸法同前。

出爪亮翅勢

此勢將手盡力推出，掌立腕直，平與肩齊，兩掌底與兩肩角對。計呼吸三口，平收掌回，做下勢。餘法同前。

雙鳳朝陽勢

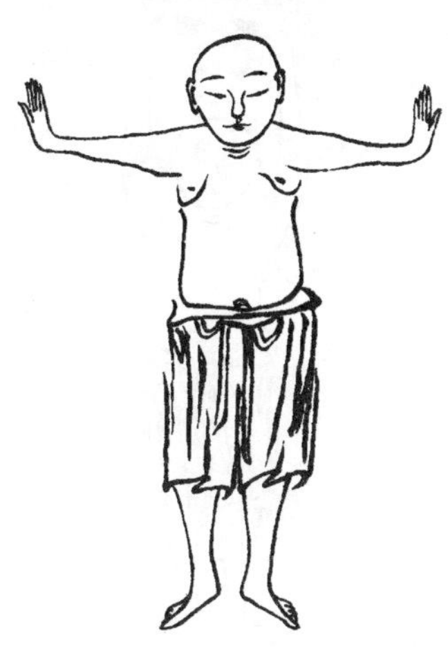
飛鷹展翅勢

雙鳳朝陽勢

此勢將兩腕屈折依膀，使腕膀平肩；掌向上立，如雙鳳朝陽之勢。計呼吸三口，後兩掌依身向左右排開，做下勢。餘法同前。

飛鷹展翅勢

此勢將兩手排開，兩掌上立，肩膀肱腕平直，如飛鷹展翅之勢。計氣畢，兩掌緩緩托上，做下勢。餘法同前。

雙手托塔勢

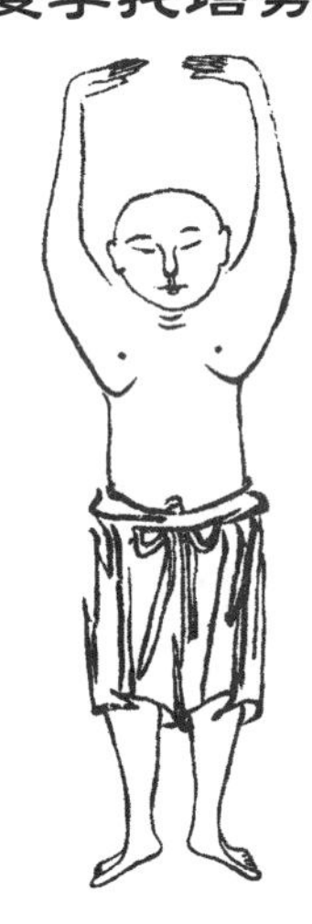

三峰峙立勢

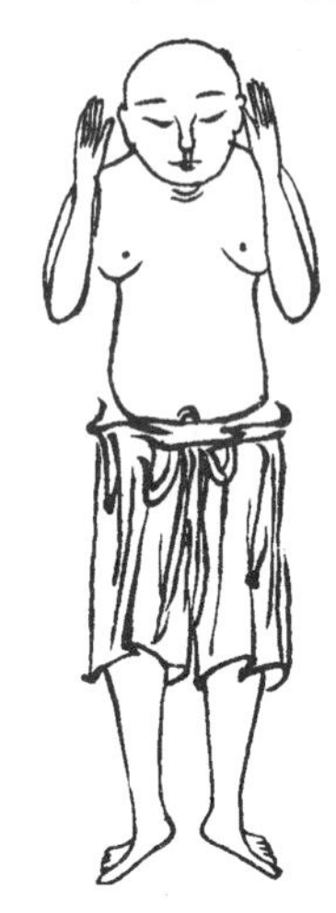

雙手托塔勢

此勢將兩手向上托去，兩掌朝上，兩掌背下對兩肩窩，掌上如托塔負重之勢。計氣畢，將兩掌隨左右肩角順下，做下勢。餘法同前。

三峰峙立勢

此勢將兩掌順左右勢直下，向外直立至兩肩角；膀肱屈折，兩腋挾緊，使三腕天骨開張，掌並頭如三峰峙立之狀。計氣畢，左手抱身右肱橫前，做下勢。餘法同前。

龍探右爪勢

此勢將左手由前操抱後身背右扇子骨，復將右膀前撐，右肱橫前，掌如探物未得之狀，齊與肩平。計氣畢，順勢將右手抱身，左手橫前，做下勢。餘法同前。

龍探左爪勢

此勢操抱、撐、橫、探齊俱同但其法移右於左耳。凡作二勢，探右爪頭眼向左，導氣左旋；探左爪頭眼向右，導氣右旋，各計呼吸。勢畢，將兩手收回至頸項，橫肱，做下勢。餘

橫肱蹲立勢

三才通氣第一勢

法同前。

橫肱蹲立勢

此勢將掌心向下，掌背向上，指尖相對；肱與膀依，膀與肩直；左右一撐，呼吸一口，依身順做下勢。餘法同前。

三才通氣第一勢

此勢就前勢，將兩手十指盡力疊交在頸項間，呼吸一口，做下勢。餘法同前。

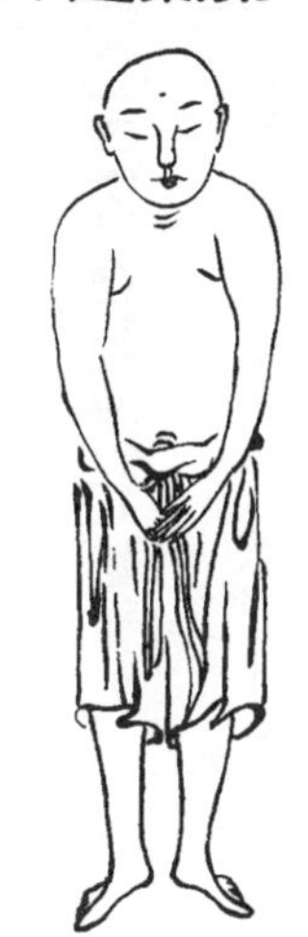

三才通氣第二勢

此勢就前勢，依身順勢盡力直肱按下丹田。呼吸一口，做下勢。餘法同前。

三才通氣第三勢

此勢就前勢，將兩手向前直起對肩，陽掌向前，力撐一手，呼吸一口，做下勢。餘法同前。

三才通氣第四勢

此勢就前勢，伸膀直肱，將兩掌向外平平盡力朝兩邊一排，呼吸一口，做下勢。餘法同前。

三才通氣第五勢

此勢就前勢，將兩手陽掌直分至背後，仍伸膀直肱，將兩手指在後疊交，陽掌向上，陰掌向下，盡力在後向下一擲，呼吸一口，做下勢。餘法同前。

三才通氣第六勢

此勢就前勢，從背後伸膀直肱，挨身向前，直起平肩，指仍疊交，掌心向懷，盡力前推，呼吸一口，做下勢。餘法同前。

三才通氣第七勢

此勢就前勢，將掌翻轉，掌心向外，盡力前撐，呼吸一口，做下勢。餘法同前。

三才通氣第四勢

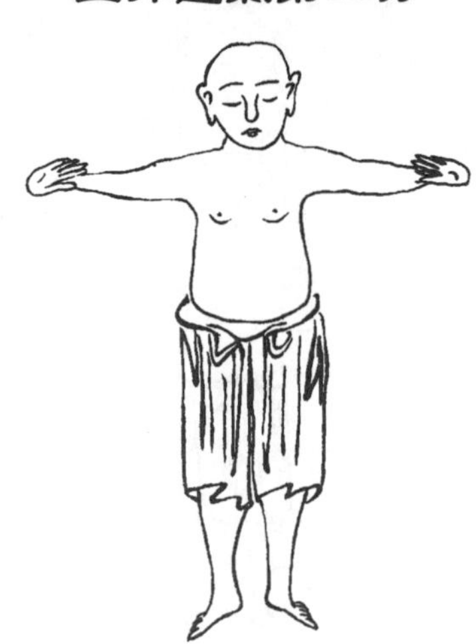

三才通氣第五勢

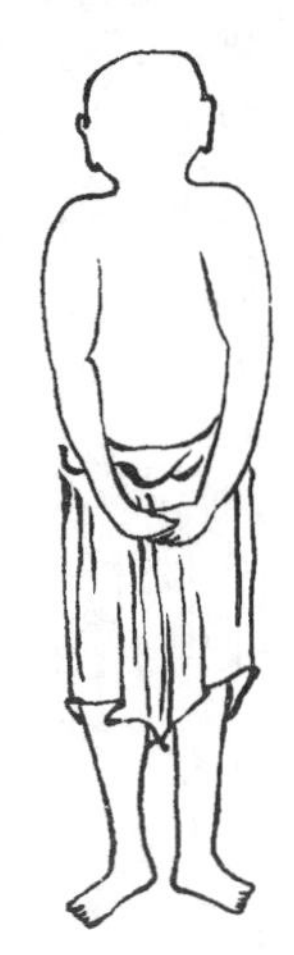

三才通氣第六勢

三才通氣第七勢

三才通氣第八勢

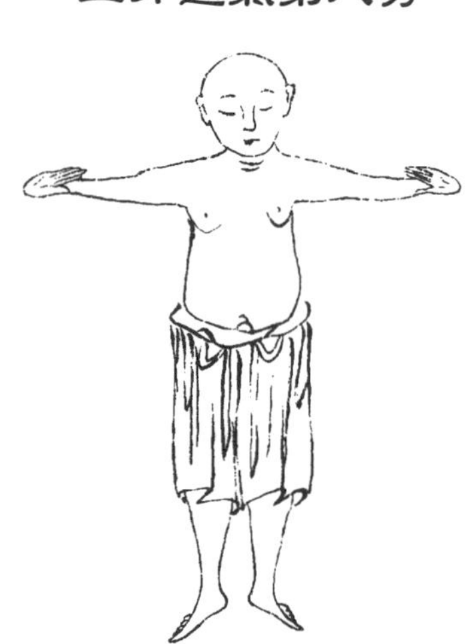

三才通氣第九勢

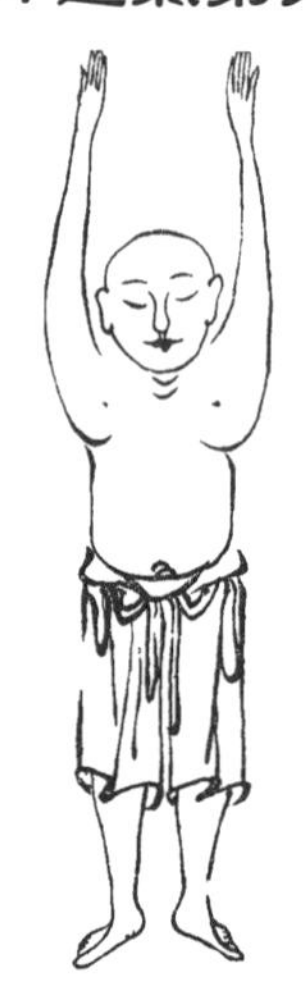

三才通氣第八勢

此勢就前勢，伸膀直肱，將兩手直分作一字平肩；平倒兩掌，十指向前，掌心向左右之外盡力一排，呼吸一口，做下勢。餘法同前。

三才通氣第九勢

此勢就前勢，將兩手從兩腋耳邊順勢插上，以膀伸肱直掌立為合式；掌心向內，掌背向外，中空不過一尺，盡力上指，呼吸一口，做下勢。餘法同前。

三才通氣第十一勢 三才通氣第十勢

三才通氣第十勢

此法就前勢，將兩手十指疊交，掌心朝下，掌背朝上，往上一托，呼吸一口，做下勢。餘法同前。

三才通氣第十一勢

此勢就前勢，伸膀直肱，順勢放下，平與肩齊；十指仍交，肩角與前腕仍對，盡力向前一推，呼吸一口，做下勢。餘法同前。

三才通氣第十二勢

此勢就前勢，將兩手翻轉，十指

三才通氣第十二勢

三才通氣第十三勢

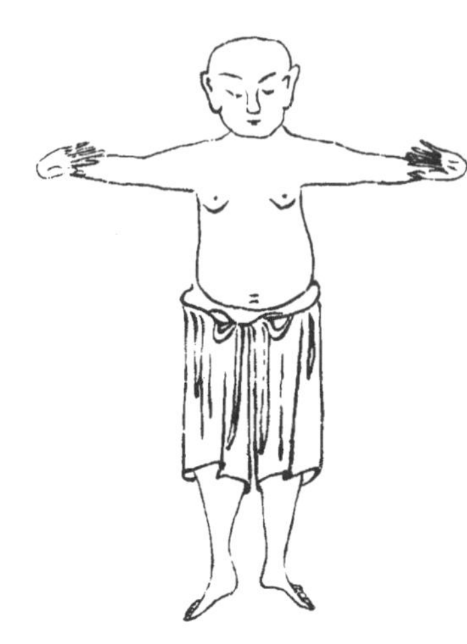

仍交，平與肩齊，掌心向外，掌背向內，盡力前推，呼吸一口，做下勢。餘法同前。

三才通氣第十三勢

此勢體態氣數與三才通氣第四勢同。

三才通氣第十四勢

此勢就前勢，伸膀直肱，將兩掌直分至後，復伸膀直肱，使掌心朝上，掌背朝下，十指疊交在後，往下一擲，呼吸一口，做下勢。餘法同前。

右三才通氣十四勢，是使三焦通

三才通氣第十四勢

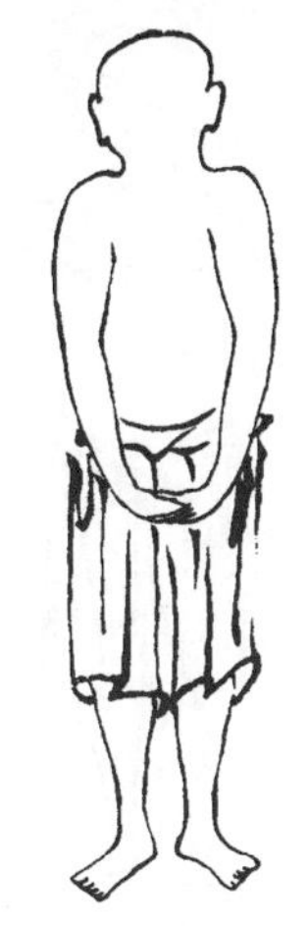

獻杵還原勢

達。凡在天庭上、地庫下、人身中之竅，皆當以氣貫之，故名「三才通氣圖」。行至此，身中上自泥丸，下至尾閭，中及四肢之關竅穴脈，罔不節節玲瓏，竅竅靈通，此正身圖中絕妙法門，學道者慎毋忽諸。

獻杵還原勢

此勢就前勢，伸膀直肱，由後轉前，屈腕回抱，合掌還獻杵起功之勢。呼吸一口，做下勢。餘法同前。

仰面朝天勢

此勢就前勢，將腳跟挨地立定，

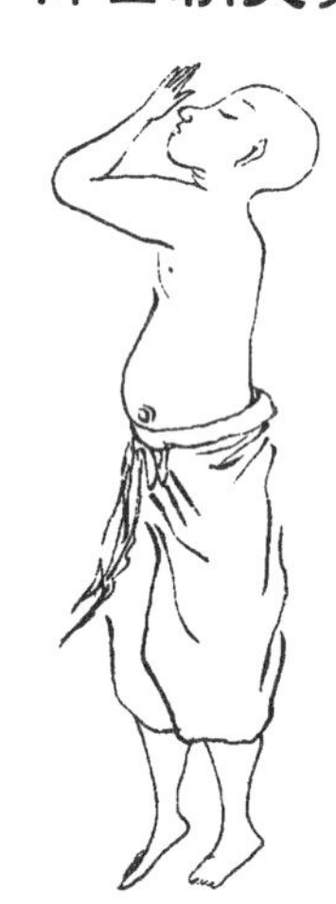

緩緩將頭向後倒，面朝天合掌。隨之兩目反視，順勢呼吸三口，導氣逆行，不可過倒，以仰面朝天為度。呼吸畢，緩緩順勢回轉，再做下勢。餘法同前。

拱立歸位勢

此勢就前勢，緩緩順勢回轉，初如獻杵還原之勢，平氣一口，再如環拱正立之勢，又平氣一口，然後一呼一吸，調息定氣，正身圖全。接做側身圖勢，餘諸法悉皆同前。

卷二

第四卷

側身圖說

側身圖八勢

獨手擎天勢

此勢就前勢，將兩腳相依，站如丁字，左手叉腰下股上大骨間；右手從右股間伸膀直肱，逆撐而上，至頭頂面，即隨右手朝天仰觀掌背，使上右掌背對右腳背，目注神凝，呼吸三口，導氣逆行。而腳跟兩膝及左肱左膀亦須正直，不可放鬆。呼吸畢，順做下勢。

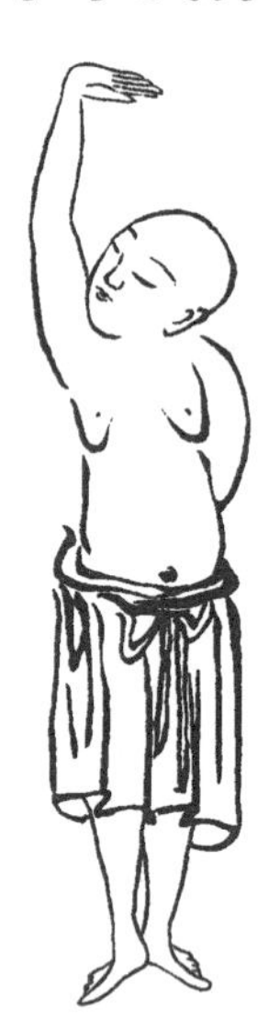

獨手掌天勢

翻手拔刀勢

此勢就前勢，將右手著力繞頭一轉，由前轉後，由後順前至右肩窩處，即將右手握拳，一呼一吸，使氣一提一平，順做下

翻手拔刀勢

開弓打蛋勢

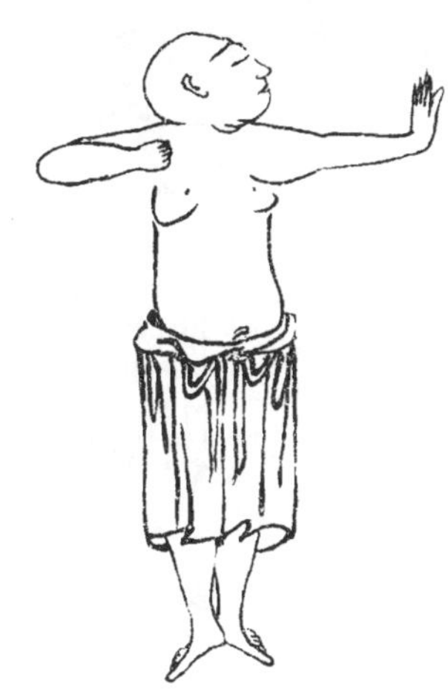

勢。餘法同前。

開弓打蛋勢

此勢就前勢，將左手放開，平掌，順勢伸膀直肱，向左逆撐，高與肩平，又隨勢收回；兩腳換丁字向左，然後立定腳跟，豎起膝腿腰脊，將左屈腕與右平掌向兩邊一撐，如開弓狀，頭向左旋，目注左掌，右曲腕與左掌相對，壹志凝神，呼吸三口。導氣順行畢，將右拳打出，順做下勢。

右三勢畢，又由左獨手擎天，由右翻手拔刀、開弓打蛋，然後功全。

其諸法皆同，唯手、腳、掌、拳、頭、眼與氣，前向右者，換左；前向左者，換右耳。至於上身皆宜正直，罔可偏倚。六勢畢，順做下勢。

一字平肩勢

此勢就前勢，將拳打開，將掌放平，腳跟離地。掌心向下，掌背朝上，盡力向左右一撐，呼吸一口，順做下勢。餘法同前。

白鶴閃翅勢

此勢就前勢，腳跟離地，伸膀直肱，將兩陰掌平肩按下，上身隨之隔

獻杵團結勢

仰面朝天勢

地尺餘。呼氣一口，隨即伸膀直肱，翻陽掌提上，平肩直撐，如前吸氣一口。復按復起，連依三次。餘皆同前。

獻杵團結勢

此勢俟閃翅起立直撐後，將兩掌向前回抱，呼吸一口，使氣團結，如獻杵起立之狀。再做下勢，餘法同前。

仰面朝天勢

此勢與正身圖中仰面朝天法同。

拱立歸位勢

拱立歸位勢

此勢與正身圖中拱立歸位法同。

卷二

第五卷

半身圖說

半身圖二十七勢

馬上獻杵勢

此勢將腳跟離地，下身如騎馬勢，上身如正身圖中獻杵勢，氣數諸法皆同。

馬上拋韁勢

此勢就前勢，將兩手推出，如拋韁勢，下身如騎馬狀，氣數諸法同前。

馬上收韁勢

此勢就前勢，收回兩掌，如馬上收

韁狀，類正身圖中雙鳳朝陽勢，餘氣數諸法悉同前。

馬上振衣勢

此勢就前勢，向左右立撐打開，如馬上振衣狀，類正身圖中飛鷹展翅勢，餘氣數諸法悉同前。

馬上收韁勢

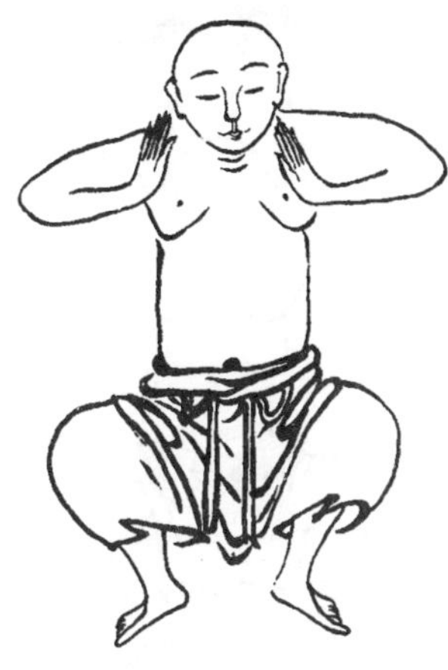

馬上振衣勢

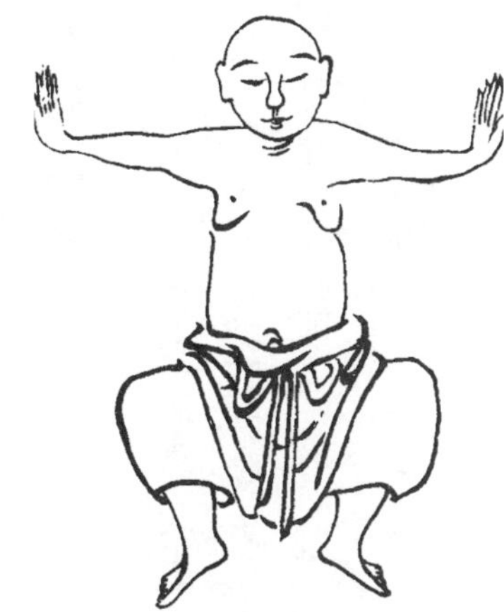

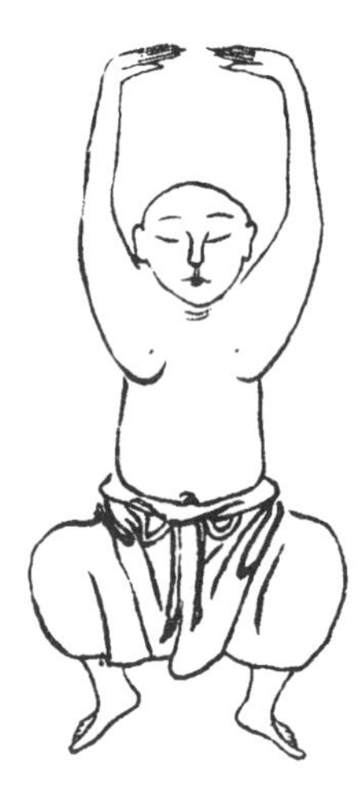

馬上整盔勢

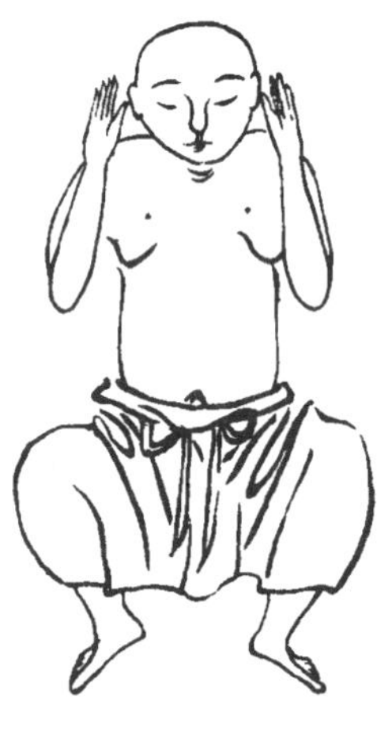

馬上乘風勢

馬上整盔勢

此勢就前勢，逆翻兩掌向上，如馬上整盔狀，類正身圖中雙手托塔勢，餘氣數諸法悉同前。

馬上乘風勢

此勢就前勢，將兩掌順勢放下至兩肩角，如乘馬遇風，試風馬上，以便馳驅之意，類正身圖中三峰峙立之勢，餘氣數諸法悉同前。

向左勒馬勢

此勢上身，如正身圖中龍探右爪

勢，下身本圖中之騎馬勢。合而觀之，不啻向左勒馬狀。所有呼吸、氣數、凝注、導引諸法，亦悉與龍探右爪同。

向右勒馬勢

此勢上身，如正身圖中龍探左爪勢，下身如本圖中騎馬勢，合而觀之，類向右勒馬狀。所有凝注、導引、呼吸、氣數諸法，亦悉與龍探左爪同。

向左勒馬勢

向右勒馬勢

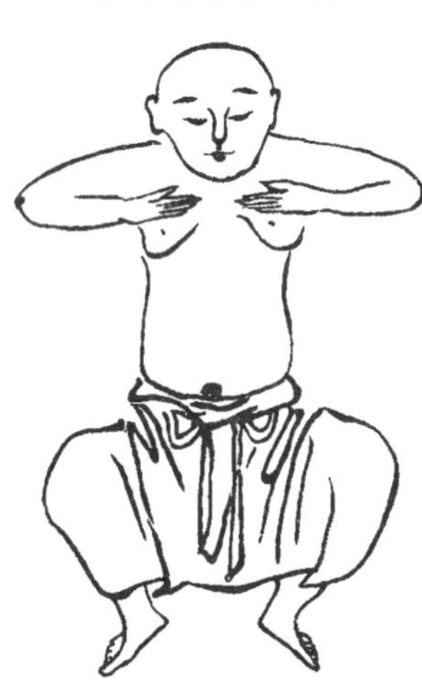

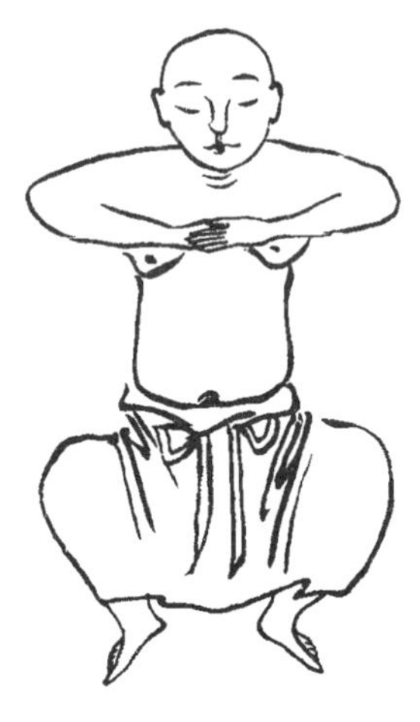

馬上橫肱勢

此勢上身，如正身圖中橫肱蹲立勢，下身如本圖中騎馬勢，餘氣數諸法悉同前。

馬上交關勢

此勢就前勢，將兩掌十指盡力雙疊，交於頸項間，呼吸一口，做下勢。餘法同前。

向前正鞍勢

此勢就前勢，依身順勢伸膀直肱，盡力按下丹田，呼吸一口，如在馬上向前正鞍之勢。餘法同前。

向前拋韁勢

此勢就前勢，將兩手向前，伸膀肱直起對肩，陽掌向前，力撐一手，呼吸一口，如在馬上向前拋韁一般。餘法同前。

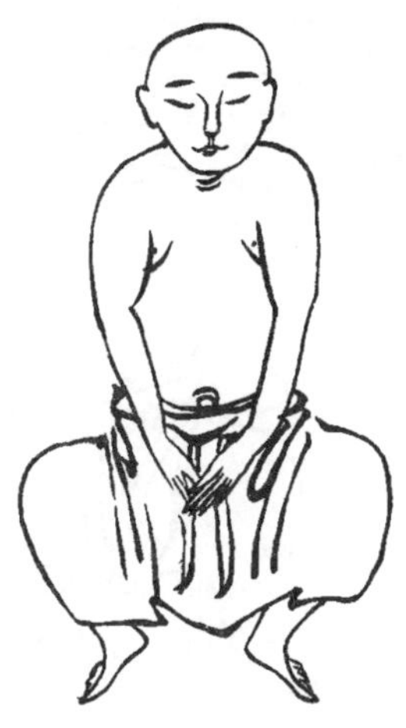

向前正鞍勢

向前拋韁勢

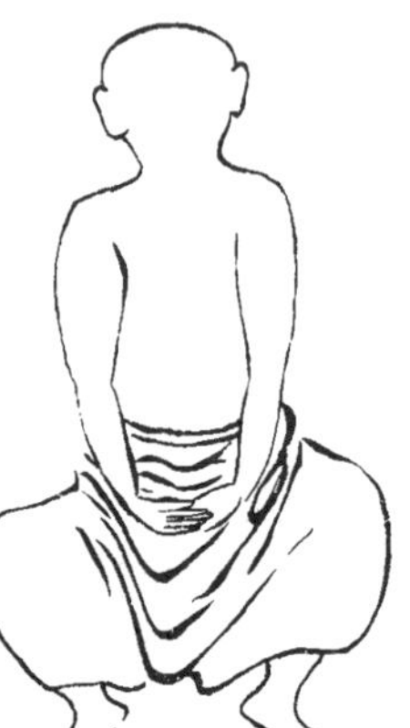

左右分韁勢

此勢就前勢，將兩手陽掌盡力排開，倒掌一撐，如馬上向左右分韁之勢，呼吸一口，順做下勢。餘法同前。

向後正鞍勢

此勢就前勢，將兩手陽掌直分至背後，仍伸膀直肱，將十指在後疊交，陽掌向上，陰掌向下，盡力在後向下一擲，如在馬上向後正鞍之勢，呼吸一口。餘法同前。

向前提韁勢

向前拋韁勢

向前提韁勢

此勢就前勢，從後伸膀直肱，挨身向前，直起平肩，指仍疊交，掌心向懷，盡力前推，如在馬上向前提韁之勢。呼吸一口，順做下勢。餘法同前。

向前拋韁勢

此勢就前勢，將掌翻轉，掌心向外，盡力前撐，亦如在馬上向前拋韁之勢。呼吸一口，順做下勢。餘法同前。

馬上攀楊勢第一

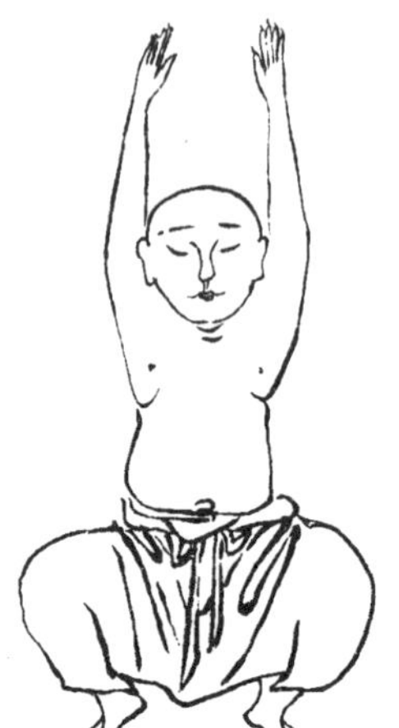

左右分韁勢

左右分韁勢

此勢與本圖中前左右分韁法同。

馬上攀楊勢第一

此勢就前勢，將兩手從兩腋耳邊順勢插上，以膀伸肱直掌立為合式，掌心向內，掌背向外，中空不過一尺，盡力上指，如在馬上欲攀楊柳之勢。呼吸一口，順做下勢。餘法同前。

馬上攀楊勢第二

此勢就前勢，將兩手十指疊交，

掌心朝下，掌背朝上，往上一托，如在馬上攀著楊柳之狀。呼吸一口，順做下勢。餘法同前。

向前提韁勢

此勢就前勢，伸膀直肱，順勢放下，平與肩齊，十指疊交，肩角與前腕相對，盡力向前一推，亦如在馬上向前提韁之勢。呼吸一口，順做下勢。餘法同前。

馬上攀楊勢第二

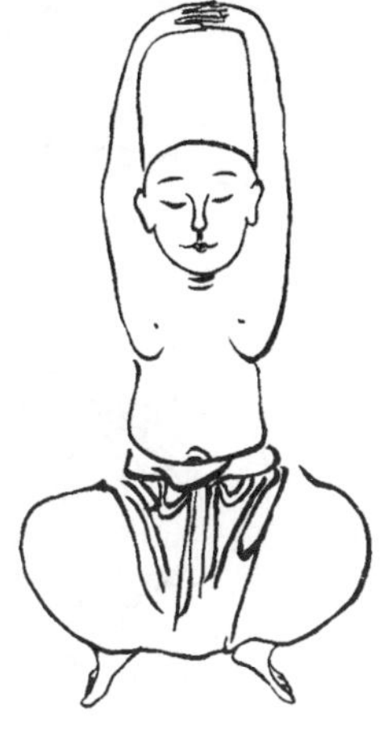

向前提韁勢

向前拋韁勢

左右分韁勢

向前拋韁勢

此勢與本圖中前拋韁法同。

左右分韁勢

此勢與本圖中前左右分韁法同。

向後正鞍勢

此勢體態、氣數與前向後整鞍勢同。

馬上獻杵歸原勢

此勢與本圖中馬上獻杵法同。

向後正鞍勢

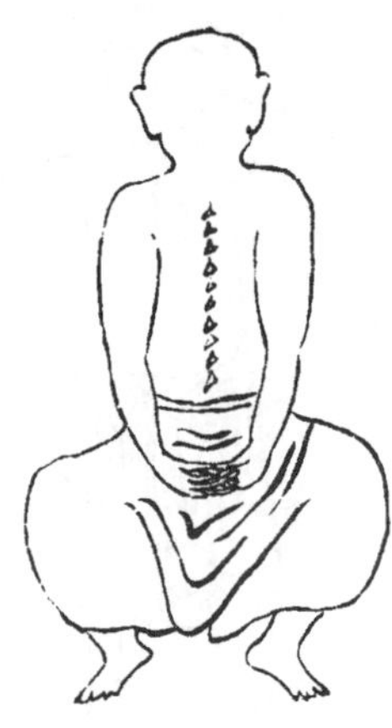

馬上獻杵歸原勢

起立朝天勢

此勢就前勢，將腳跟立地，使膝直腿伸腰脊聳。然後呼吸，導氣由腳尖上行，過鵲橋，翻泥丸，至尾閭為一轉，又由尾閭度丹田，逆提至泥丸，為一運。仰面三次，呼吸三口，仰逆諸法與正身圖中仰面朝天同。

起立朝天勢

獻杵還原勢

勢與正身圖中獻杵還原法同。

拱立歸位勢

此勢與正身圖中拱立歸位法同。

獻杵還原勢

拱立歸位勢

卷二

第六卷

屈身圖說

馬上獻杵勢

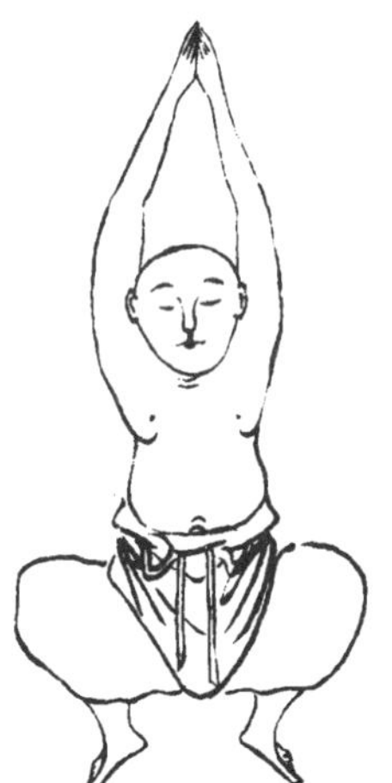
馬上打恭勢（上圖）

屈身圖八勢

馬上獻杵勢

此勢與半身圖中馬上獻杵法同。

馬上打恭勢（上圖）

此勢就前勢，將合掌初放在神庭上，呼吸一口；次推上泥丸宮，呼吸一口，然後由泥丸向上盡力一撐，如打恭在上狀。呼吸一口，順做下勢。餘法同前。

左右排闥勢　　　　馬上打恭勢（下圖）

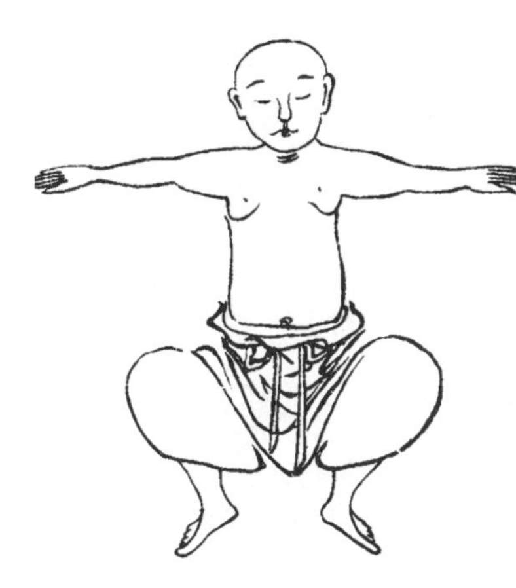

馬上打恭勢（下圖）

此勢就前勢，合掌打恭至地，膀伸肱直，腰立頭正，向下一撐，呼吸一口，復起還馬上獻杵狀，又呼吸一口，再做下勢。餘法同前。

右馬上打恭二圖三上三下，其功乃全。每次體勢、氣數、上下悉同其圖，僅列二勢者，省筆也。

左右排闥勢

此勢就前勢，將兩掌順勢分開，掌心向背，掌背向前，兩邊俱與肩齊，盡力向左右排闥。呼吸一口，然後將

三盤落地勢

獻杵還原勢

兩掌平平收回至兩乳旁，陽掌向下，陰掌向上，著力一提，又呼吸一口，順做下勢。餘法同前。

三盤落地勢

此勢就前勢，緩緩挨身，順勢放下至地，上要頭正腰立，下要指掛腿屈，手要膀伸肱直。呼吸畢，仍起做排闥，合前一勢交互各行三次。然後復起，排闥收回，兩掌回抱，合掌還原。其餘諸法悉皆同前。

獻杵還原勢

此勢與半身圖中馬上獻杵還原法

同。

仰面朝天勢

此勢與正身圖中仰面朝天法同。

拱立歸位勢

此勢與正身圖中拱立歸位法同。

卷三

第七卷

折身圖說

折身圖十六勢

馬上獻杵勢

此勢與前圖馬上獻杵法同。

伏耳抱柱勢

此勢就前勢，將兩掌頭按伏兩耳，兩手中三指緊按天柱，正身平視，壹志凝神，呼吸一口，順做下勢。餘法同前。

稽首崩角勢

此勢就前勢，緩緩著力按頭，下至膝間，如稽首崩角狀，膝腿直伸，足尖掛地，呼吸三口，順做下勢。餘法同前。

馬上獻杵勢

稽首崩角勢

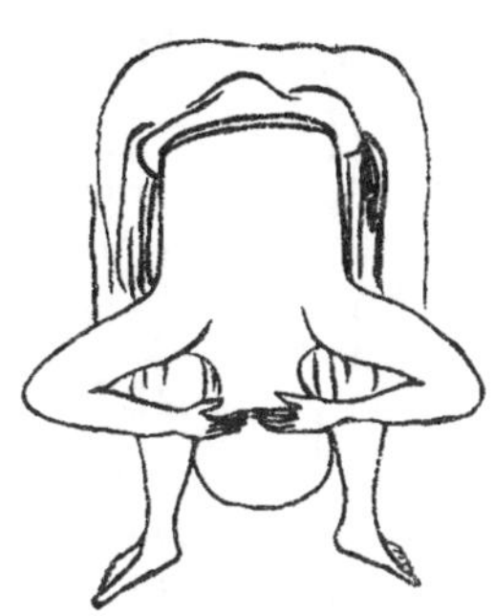

伏耳抱柱勢

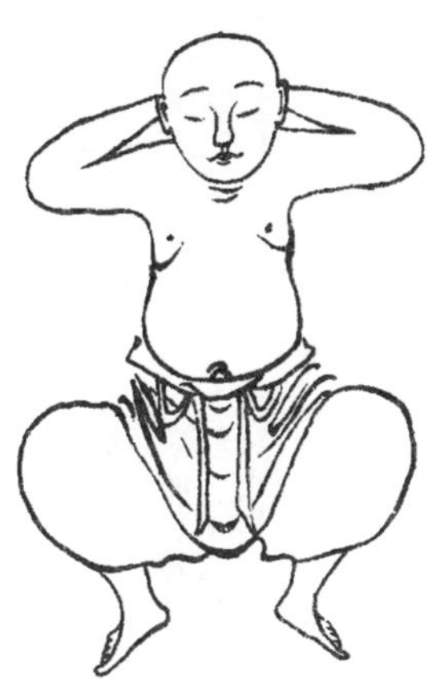

倒運河車勢

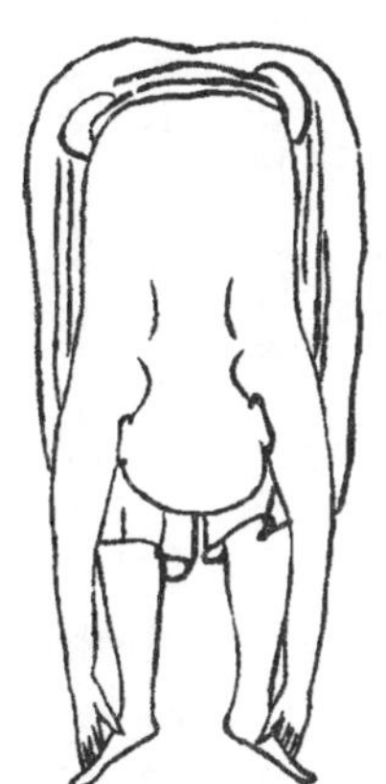

倒運河車勢

此勢就前勢，將兩掌放鬆，由後頸項挨身順下至兩足邊，搬腳對立，兩折皆直，俯首凝注，呼吸三口，倒運河車。

昂頭掉尾勢

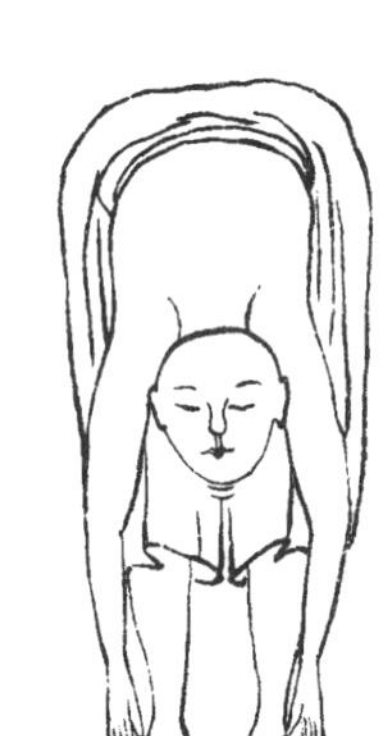

合掌定氣勢

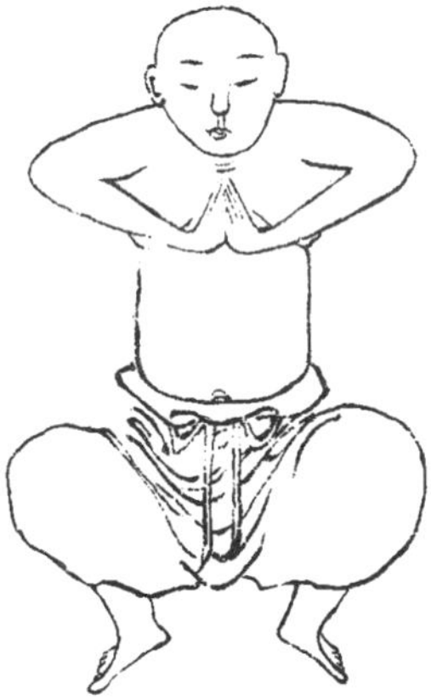

昂頭掉尾勢

此勢就前勢，將兩手十指尖挨著兩腳十趾尖，尾掉頭昂，神凝目注，呼吸三口，順做下勢。

合掌定氣勢

此勢就前勢，將兩腳移開，足尖掛地，身隨頭起，立合掌定氣，呼吸一口，順做下勢。餘法同前馬上獻杵勢。

伸手舒脈勢

此勢就前勢，將兩手打開，舒暢

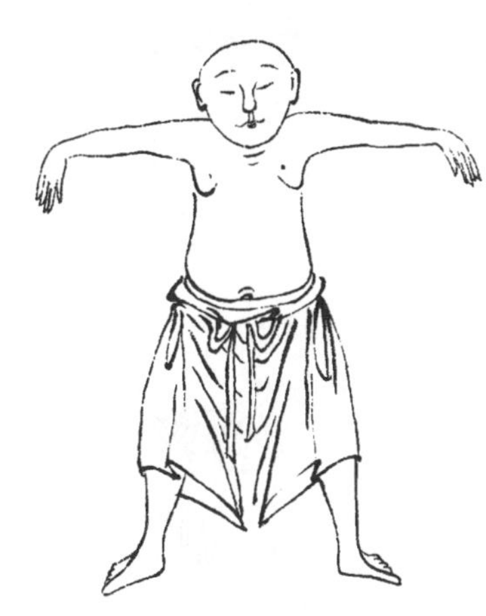

血脈，立掌左右，皆與肩齊，呼吸一口，諸法同前馬上振衣勢。

提空起立勢

此勢就前勢，仍足趾掛地，上下直立，掌背向外，掌心向內，垂兩掌平肩，盡力上提，呼吸一口。餘法同前立身勢。

踏雲撥霧勢

此勢就前勢，將兩掌心逆翻至頂，交叉，順勢著力向左右撥開，以膀伸肱直為度。而上下身直，足仍離地，恍如踏雲撥霧之狀。其餘氣數諸

踏雲撥霧勢

托天鎮地勢

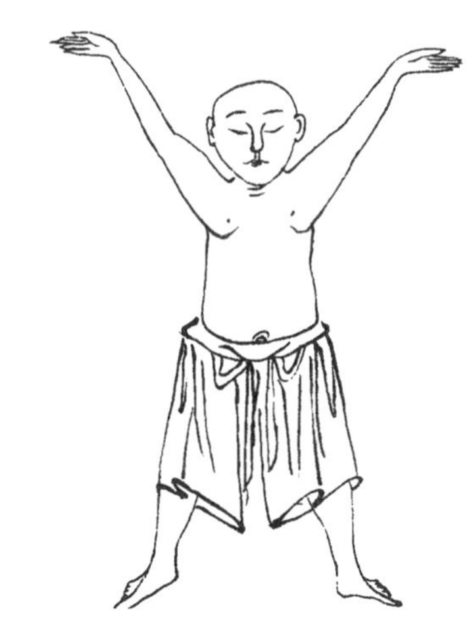

法悉皆同前。

托天鎮地勢

此勢就前勢，仍足趾掛地，上下身直，將兩掌心翻轉，排左右朝天，盡力往上下一撐，上托下鎮，呼吸一口。餘法同前。

四肢通關勢

此勢就前勢，仍足趾掛地，將兩手向左右排開，陽掌向外，陰掌向內，使左手與右腳對，右手與左腳對。然後四肢一撐，呼吸一口，順做下勢。餘法同前。

四肢通關勢

懸吊如鐘勢

此勢就前勢，仍足趾掛地，將兩手收至頭頂，合掌直伸，懸吊如鐘，呼吸三口。餘法同前。

直立如松勢

此勢就前勢，將兩腳收回，足跟相挨，仍起腳離地，上下一撐，直立如松，呼吸三口。餘法同前。

懸吊如鐘勢

直立如松勢

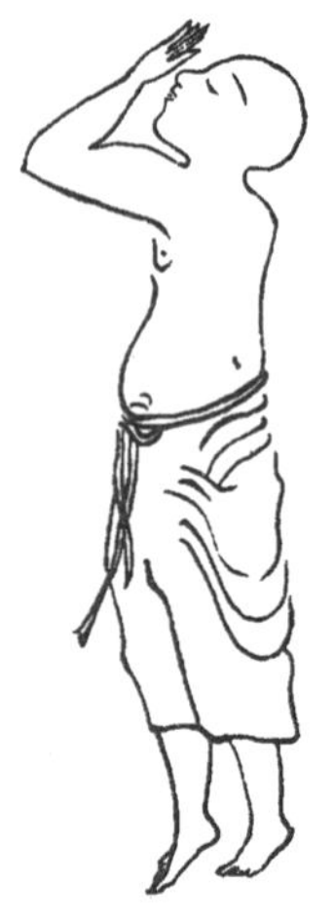

獻杵還原勢

此勢就前勢，仍腳趾掛地，將合掌緩緩放下，平肩，呼吸三口。餘法與前圖中立身獻杵還原同。

仰面朝天勢

此勢與側身圖中仰面朝天法同。

拱立歸位勢

此勢與側身圖中拱立歸位法同。

卷三

第八卷

扭身圖說

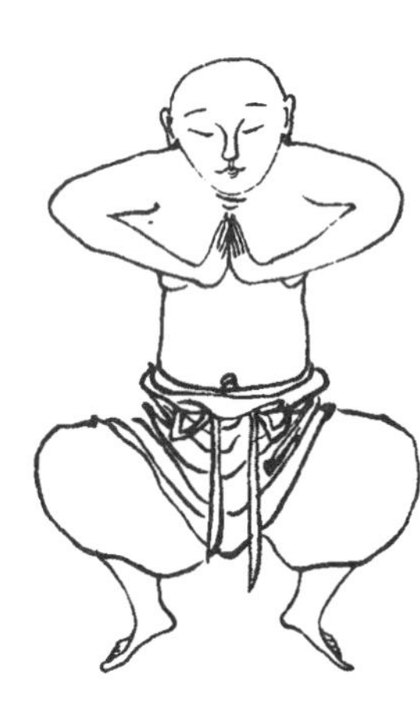
馬上獻杵勢

左旋回抱勢

扭身圖十八勢

馬上獻杵勢

此勢與折身圖馬上獻杵法同

左旋回抱勢

此勢就前勢，將頭身扭轉向左，左腳腕屈，左足挨地，右腳腕伸，右腳掛趾，腿勢半弓，足勢丁字，腰立頭直，回抱齊鼻，凝神注目，呼吸一口，耳肩鼻心亦針縫相對。

左旋提空勢

此勢就前勢，倒掌回抱做提空勢，呼吸一口，餘法同前。

左旋伏地勢

此勢就前勢，將兩手屈肱，兩掌心打開，收回抓肩，挨身翻掌按下，隨身至地，以十指蹲踞，左腳順轉掛趾，與右腳一順。肢撐、頭揚、目注、神凝，呼吸三口，餘法同前。

回抱還左勢

右旋回抱勢

回抱還左勢

此勢就前勢，緩緩直起，還左旋回抱勢，呼吸一口，法悉同。

右旋回抱勢

此勢就前勢，緩緩將頭身旋右，左腳換如右，右腳換如左，氣數諸法皆與左旋回抱同。

右旋提空勢

此勢氣數諸法與左旋提空同。

右旋伏地勢　右旋提空勢

右旋伏地勢

此勢氣數諸法與左旋伏地同。

回抱還右勢

此勢氣數諸法與回抱還左同。

左拽牛尾勢

右拽牛尾勢

左拽牛尾勢

此勢就前勢，將兩手握拳，復扭頭身旋左，使左肱向上屈扭，左拳底與兩目相對，右手向下屈扭，右拳、頭與右腳之右股相對，作左倒拽牛尾狀，兩腳與左旋回抱同，呼吸三口，換右，做下勢。

右拽牛尾勢

此勢就前勢，將手、腳、頭、身換右，氣數諸法悉同。

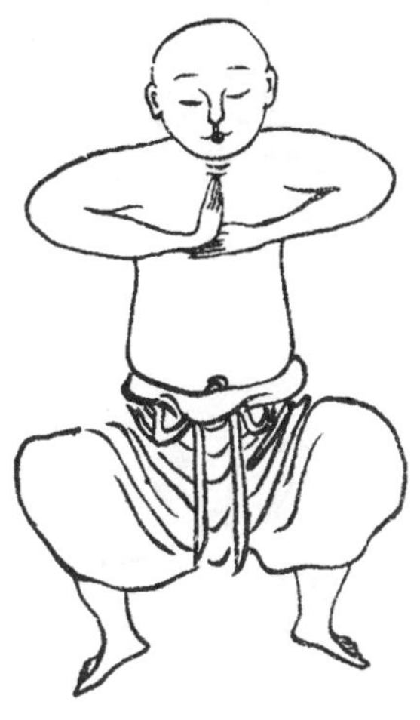

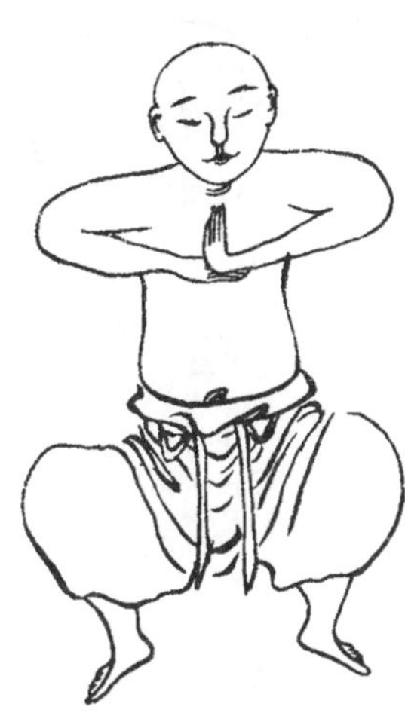

獻杵還左勢

此勢就前勢，收回手腳，端正頭身，下身腳尖掛地如騎馬狀。左肱屈轉，挨身平胸立掌；右肱屈轉，挨身平掌放於立掌下，掌背朝上，平氣一口。換右，做下勢。餘法與馬上獻杵還原同。

獻杵還右勢

此勢就前勢，左掌換如右，右掌換如左，氣數諸法悉同前勢。

獻杵還中勢

插腳騰空勢

獻杵還中勢

此勢與馬上獻杵還原同。

插腳騰空勢

此勢就前勢，腳仍掛地，緩緩起立，做插腳騰空之狀，呼吸一口。其諸法與正身圖中獻杵還原同。

仰面朝天勢

此勢與前圖中仰面朝天法同。

獻杵還原勢

此勢與前圖中獻杵還原法同。

獻杵還原勢

仰面朝天勢

拱立歸位勢

拱立歸位勢

此勢與前圖中拱立歸位法同。

卷三

第九卷

倒身圖說

倒身圖六勢

馬上獻杵勢

此勢側形與折身圖中馬上獻杵法同。

合掌平胸勢

此勢就前勢，將兩合掌收回挨胸，呼吸三口，做下勢。餘法同前。

四肢投地勢

此勢就前勢，將兩掌挨身分開放

馬上獻杵勢

合掌平胸勢

四肢投地勢

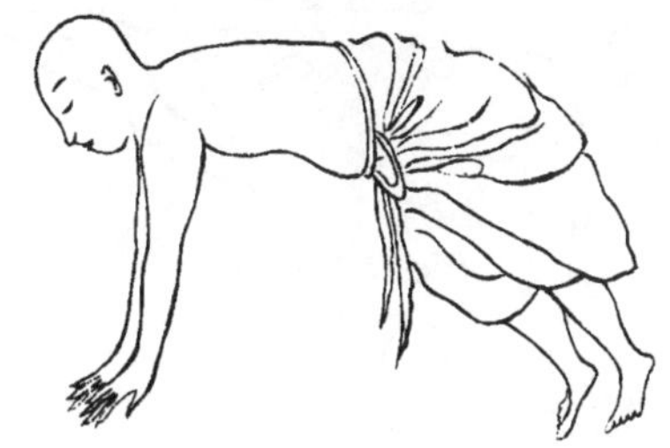

左鼎足舒身勢

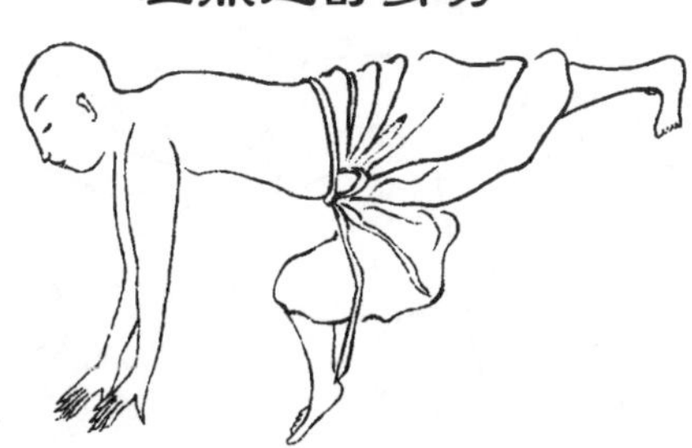

下，向前至地，與後兩腳配，腳尖手指一齊掛地，四肢蹲踞，昂頭上視，注目凝神。呼吸三口，先呼後吸，導氣翻行逆升，倒運河車，順做下勢。

左鼎足舒身勢

此勢就前勢，將左腳向前中立，以腳尖掛地，合兩手如鼎腳之勢，然後將左腳直伸，腳與頭平，腰背股膝一齊直撐，呼吸三口，使氣由腳跟直沖泥丸，轉下腳跟，三度氣畢，順做下勢。

右鼎腳舒身勢

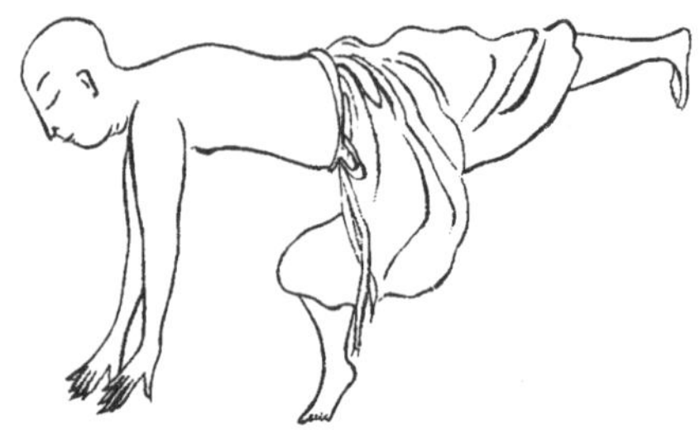

投地還原勢

右鼎腳舒身勢

此勢左腳換如右，右腳換如左，餘法皆同。

投地還原勢

此勢就前勢，還四肢投地之原，其體勢、呼吸，悉與四肢投地法同。

卷三

第十卷

翻身圖說

翻身圖十三勢

空中趺（點校：疑為「趺」字）坐勢

此勢就前勢將後兩腳向前，插於兩手中，將兩手移後至股間，以兩腳十趾斜掛於地，兩跨（點校：當為「胯」字）排開，使兩腳跟相挨，頭直身立，眼光平視，壹志凝神，呼吸三口，順做下勢。

翻身蹲踞勢

此勢就前勢，將兩手足排開，手足指俱掛地，翻身盡力一撐，膝與面平，如前倒身蹲踞狀，呼吸三口，導氣逆行，順做下勢。

空中趺坐勢

左抵腳鼎立勢

此勢就前勢，將右腳移中掛趾，合兩手如鼎腳狀，左腳盡力向前直抵，眼注腳背，呼吸三口，換做下勢。

右抵腳鼎立勢

此勢就前勢，將左腳換如右腳，右腳換如左腳，呼吸度數諸法悉同前。

翻身蹲踞勢

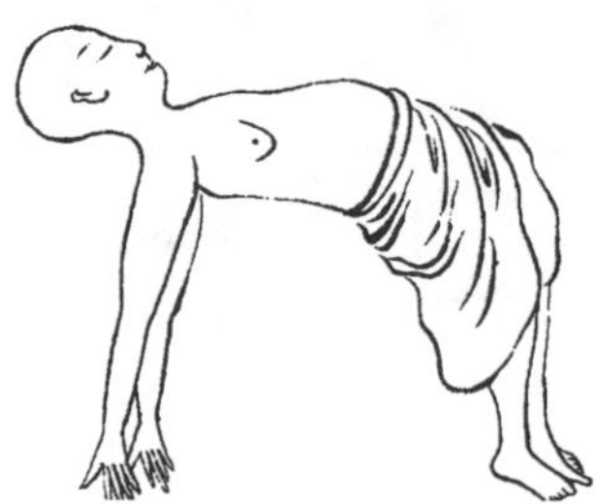

左抵腳鼎立勢

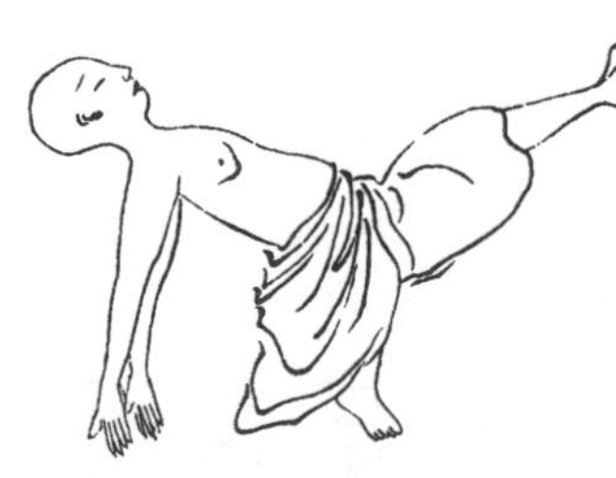

右抵腳鼎立勢

合掌平胸勢

翻身還原勢

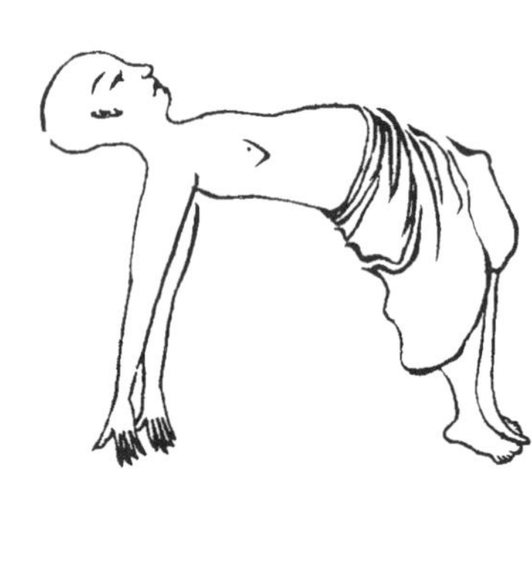

翻身還原勢

此勢與翻身蹲踞法同。

合掌平胸勢

此勢就前勢，將兩腳收回，起腳離地，腿屈身直，合掌平胸，眼光平視，呼吸三口，順做下勢。

向上馬上打恭勢

此勢就前勢，仍腳尖掛地，將合掌向上直撐，如在馬上打拱狀，氣亦隨之，速做下勢。

向上馬上打恭勢

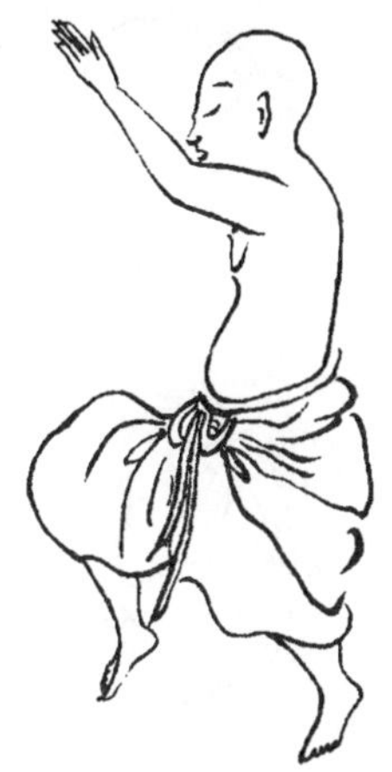

向下馬上打恭勢

三起三跌勢

向下馬上打恭勢

此勢就前勢，仍足尖掛地，眼光平視，將合掌直撐向下，氣亦隨之，順做下勢。

三起三跌勢

此勢就前勢，墊腳起立，合掌如正身圖中獻杵起功狀，呼吸一口，豎脊屈膝，合掌隨下，兩手肱至兩膝間，復起立，合掌如前。三起三跌，

起跌一次，呼吸一口，每一次將合掌收回一部，至第三次，收回平胸，再一跌一起，順做下勢。

起立三推勢

此勢就前勢，仍腳尖掛地，正身直立，合掌平胸，呼吸一口，緩緩將合掌推出，又呼吸一口。推至三次圓滿，如正身圖中獻杵起功狀，呼吸一口，使腳跟挨地，做下勢。

仰面朝天勢

此勢與前圖中仰面朝天法同。

獻杵還原勢

此勢與前圖中獻杵還原法同。

拱立歸位勢

此勢與前圖中拱立歸位法同。

卷三

第十一卷

行身圖說

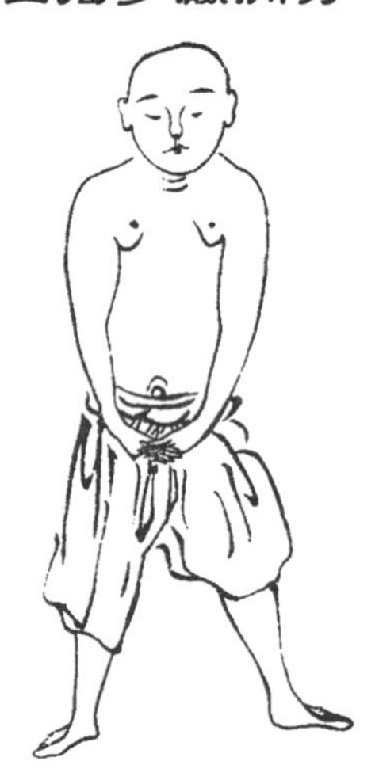

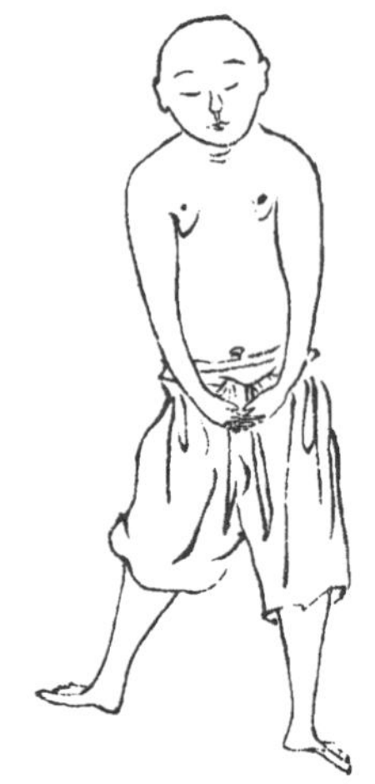

行身圖三十四勢

左獨步瀛洲勢

此勢身正頭立，眼光平視，伸膀直肱，十指相叉，陽掌向上畢，右腳穩地，左腳屈膝向右一提，盡力向左一踢，呼吸一口，只動左腳，周身不移，接做下勢。

右獨步瀛洲勢

此勢左換右，右換左，連踢四十五次，呼吸四十五口，順做下勢。

左御風著步勢

右御風著步勢

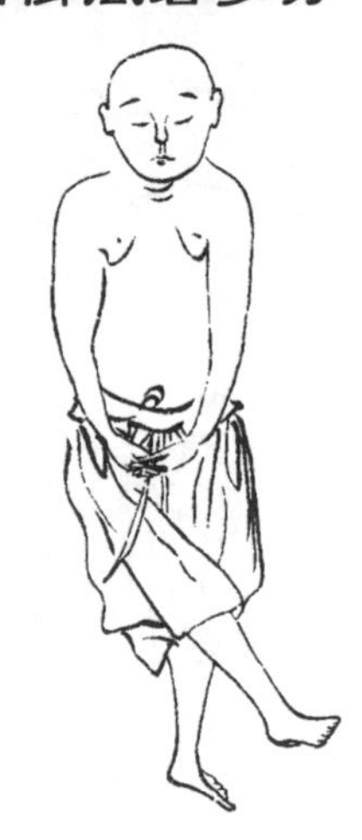

右御風著步勢

此勢將左腳穩地，右腳由穩地處彎環挨左腳背，順勢向前一蹬，周身不移，呼吸一口，接做下勢，身掌諸法悉同前。

左御風著步勢

此勢左腳換如右，右腳換如左，連蹬三十六次，合前獨步瀛洲四十五，共得九九之數，每一次呼吸一口，行功畢，緩做下勢。

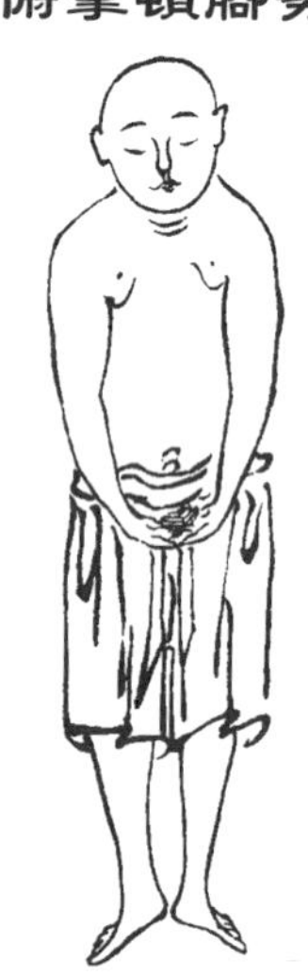

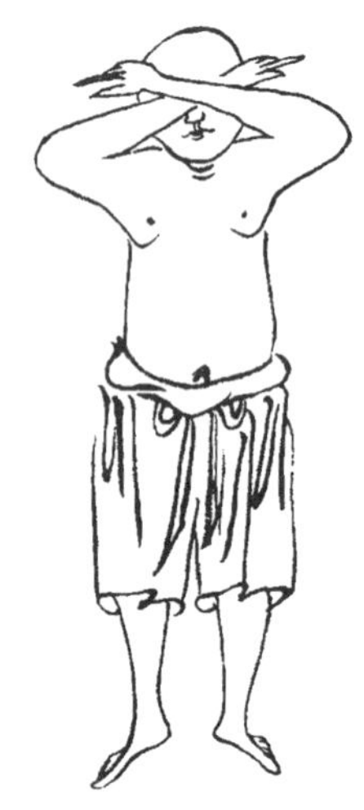

俯掌頓腳勢

此勢將兩腳跟挨緊，陽掌轉朝下按，足尖一起，足跟一頓，一起一頓，一呼一吸，共二十一次，正身平視，諸法悉同前。

宛轉舒眉第一勢

此勢將兩手相叉，陽掌向內，挨身向上至兩眉間，始掌如握眉，呼吸一口，接做下勢。

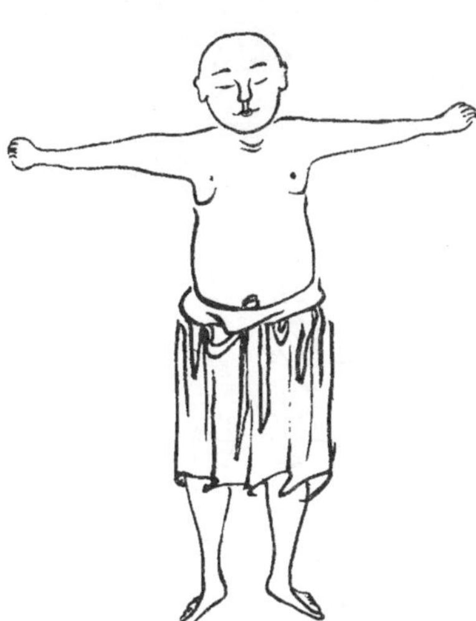

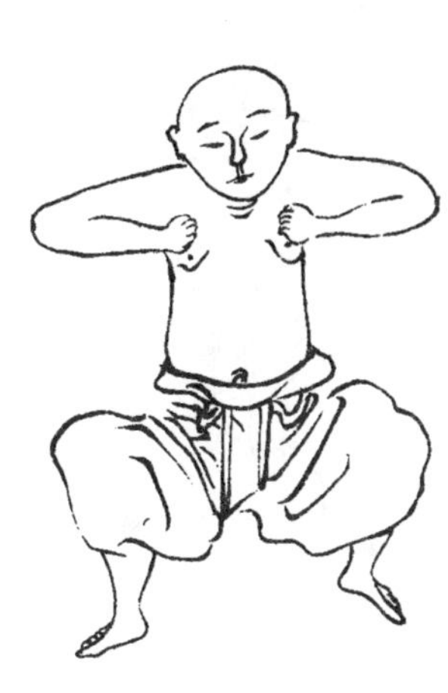

宛轉舒眉第二勢

此勢將兩拳所握之眉翻揚向外，盡力舒開，呼吸一口，接做下勢。

宛轉舒眉第三勢

此勢就前勢豎起脊樑，屈膝下莊，後腳穩，前腳墊，兩拳握眉，回肱一排，呼吸一口，接做下勢。

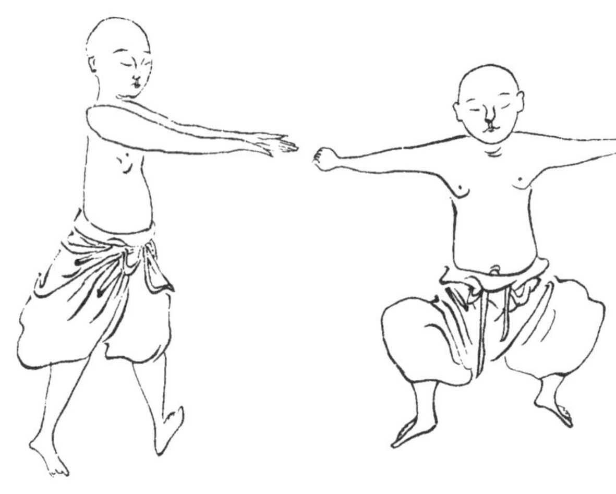

宛轉舒眉第四勢

此勢就前勢，將兩拳盡力一撐，亦如舒眉狀，其莊勢、氣數悉同前。

右宛轉舒眉四勢畢為一次，向左一次向右一次為一輪，左右交互行三輪功始畢，圖勢缺左右向交互三輪者，省筆也。

左轉轆轤第一勢

此勢將右腳斜站，左腳平出，使右腳跟橫對左腳尖頭，身隨斜，兩手伸膀直肱，陽掌朝上，盡力一撐，呼吸一口，接做下勢。

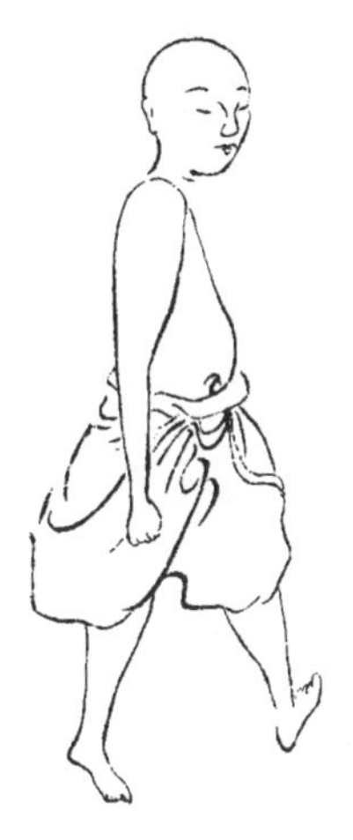

左轉轆轤第二勢

左轉轆轤第三勢

左轉轆轤第二勢

此勢就前勢，將兩掌朝上握緊，伸膀直肱，翻轉拳頭，往下一挪至兩股間，呼吸一口，接做一勢。

左轉轆轤第三勢

此勢就前勢，將兩拳翻轉朝上一提，緊挾兩腋，膀與股對，肱與拳平，一呼一吸，接做下勢。

左轉轆轤第四勢

左轉轆轤第五勢

左轉轆轤第四勢

此勢就前勢，將左腳收回，在右腳後以腳尖掛地，右腳不動，兩拳翻順隨身下莊往下一垂，呼吸一口，接做下勢。

左轉轆轤第五勢

此勢就前勢，將兩腳穩地斜站，腰身起立，往上一伸，兩手握拳往下一垂，呼吸一口，換做下勢。

右轉轆轤第一勢

右轉轆轤第二勢

右轉轆轤第一勢

此勢如左轉轆轤第一勢狀，右腳換左，左腳換右，頭身拳掌俱右向，體勢氣數則皆同。

右轉轆轤第二勢

此勢如左轉轆轤第二勢狀，腳身拳掌體勢換向右，氣數同。

右轉轆轤第三勢

右轉轆轤第四勢

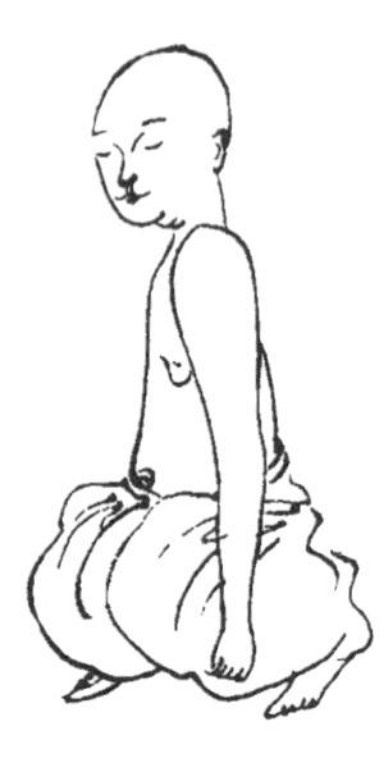

右轉轆轤第三勢

此勢如左轉轆轤第三勢狀，腳身拳掌體勢換向右，氣數同。

右轉轆轤第四勢

此勢如左轉轆轤第四勢狀，腳身拳掌體勢換向右氣數同。

右轉轆轤第五勢

此勢如左轉轆轤第五勢狀，腳身拳掌體勢換向右，氣數同。

按：古人左右轆轤轉法，先左轉，後右轉，名「單轆轤」；左右同

右轉轆轤第五勢

左插腳乘空勢

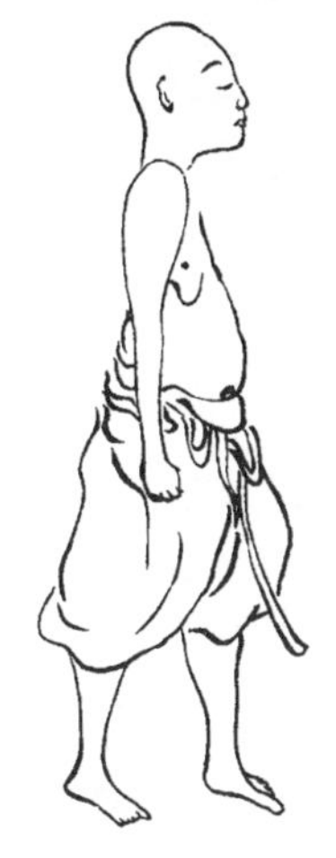

轉名「雙轆轤」。照圖以左右交互行三轉，方合左右輪轉之法。

左插腳乘空勢

此勢起功站定腳跟，豎起脊樑，兩手握拳，膀肱下垂，耳肩鼻胸各相對，眼光平視，牙關扣緊，鵲橋高駕，呼吸三口，然後將左腳提起上前一步站穩，左膝一撐，呼吸一口，右腳隨提換做下勢。

按：此勢合後勢，一名「日月圖」，又曰「太極圖」，其調息、定氣、壹志、凝神與諸勢同，唯收神一法，合眼瞪目，俱從其便，但眼觀界限近不在一尺內，遠不踰五尺外，斯為合法。

右插腳乘空勢

右插腳乘空勢

此勢就前勢，將右腳換如左，左腳換如右，體勢氣數皆同，左右交互，緩行一百步，一步一呼吸；急行一百步，兩步一呼吸；復緩行一百步，一步一呼吸，共三百步，呼吸二百五十口為一盤。

右插腳乘空二勢行功至此，下丹台旋轉而行。或丹台下不便行，先後一時擇地行之，可另擇一時行之亦可，隨行行之，皆無不可。

頂上圓光下勢　頂上圓光上勢

頂上圓光上勢

此勢如環拱正立勢站法，但兩手握拳下垂，俟氣定，將兩手挨身由臍下交互而上至頂，如圓光狀，呼吸一口，順此接做下勢。

頂上圓光下勢

此勢就前勢，將在頂兩手，又交互而下至臍下，亦如圓光狀，呼吸一口，導氣迴旋，連做三次，呼吸三口，兩手下垂還原，順做下勢。

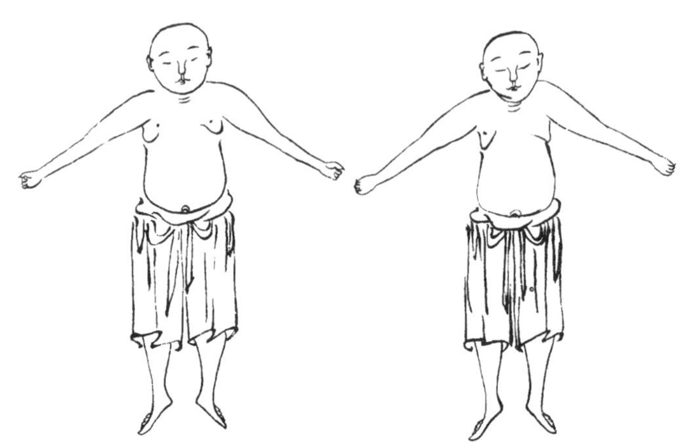

游魚擺翅後排勢

此勢就前勢，將兩手握拳，挨身向後，兩邊陽拳一排，吸氣一口，速做下勢。

游魚擺翅前分勢

此勢就前勢，將兩手握拳，挨身收回轉向前面，陽拳從中往兩邊一分，呼氣一口為擺翅一度，連擺三度，其功始畢。

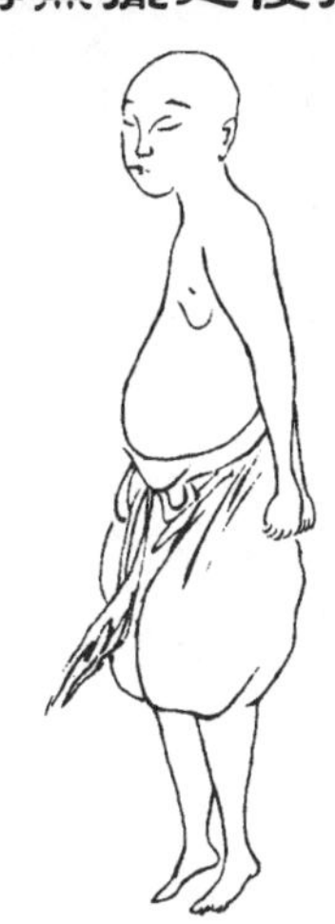

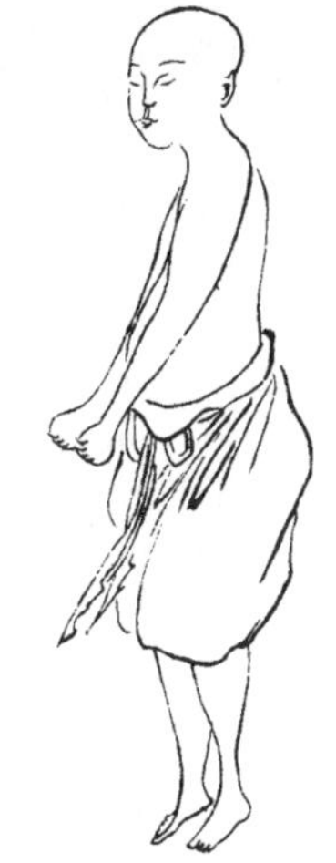

游魚擺翅後捶勢

此勢就前勢，將兩手握拳，伸膀直肱，挨身順勢向後一捶，呼氣一口，速做下勢。

游魚擺翅前推勢

此勢就前勢，仍伸膀直肱，將兩手握拳，挨身順勢向前一推，吸氣一口，再鍾再推，三鍾三推，三呼三吸，緩做下勢。

陽掌還原勢

此勢就前勢，伸膀肱，將握拳打開，陽掌向外，往下一垂，頭身往上一伸，呼吸一口，順做下勢。

陰掌還原勢

此勢就前勢，伸膀直肱，翻陰掌向外，往下一垂，頭身往上一伸，呼吸一口，順做下勢。

順掌還原勢

此勢就前勢，將兩掌心向內，往下一垂，頭身往上一伸，呼吸一口，順做下勢。

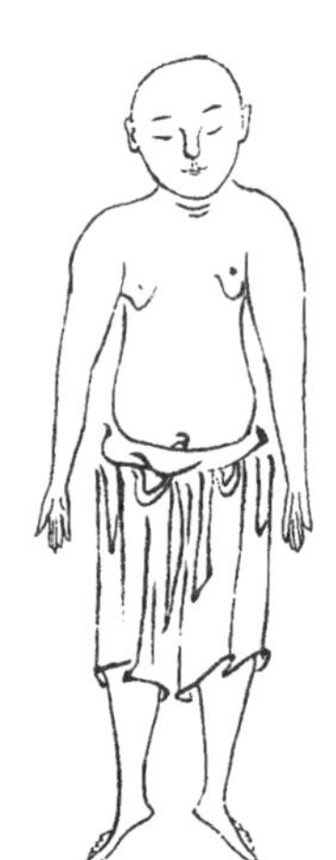

陽掌還原勢

陰掌還原勢

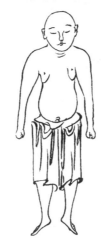

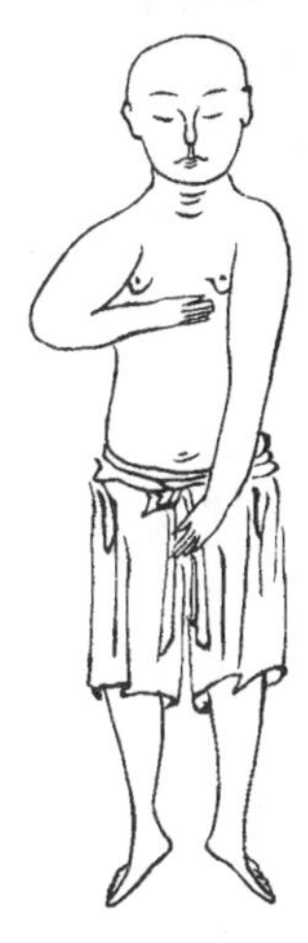

握掌還原勢

此勢就前勢，將兩手握拳，順勢往下一垂，頭身往上一伸，呼吸一口，順做下勢。

順氣歸田勢

此勢就前勢，將右掌按黃庭上，左掌按臍輪下，以右掌當中，從上推至臍下，即以左掌隨從臍下，由左邊運上至黃庭上，又順推至臍下臍下。右掌亦隨從臍下，由右邊運上至黃庭上交界處，再推再運，推運一輪，呼吸一口，推運二十一次，呼吸二十一

叉手還原勢

拱立歸位勢

口。隨推隨運，順所運清氣，盡歸丹田，使之團結，俟作坐功，運充臟腑。

叉手還原勢

此勢就前勢，將兩手各叉兩股上大骨處，大指在前，四指在後，呼吸一口，順做下勢。

拱立歸位勢

此勢就前勢，將兩手收回，環拱還原氣海，坐下呼吸三口，由急而緩，行身圖畢，接做坐功。

卷四

第十二卷

坐身圖說

按：坐功圖式，以兩足背交疊兩腿上為天盤，一名雙打。膝腿未熟者，單打膝亦可。單行膝皆不能，暫做地盤，以兩足按下交疊盤坐，久之可以一足抵腿縫，一足翻駕腿上，做單打膝。俟腿漸熟，緩緩再將抵腿之足，仍翻駕腿上，做雙打膝，以成天盤，斯合坐式。然不可勉強，循序漸進，萬無不上兜率天者。

坐身圖四十九勢

握固思神勢

此勢將左腳掌駕右腿上，右腳掌駕左腿上，左手陽掌平胸，右手握固放左掌上，豎起脊樑，眼光平視，耳肩鼻胸遙遙相對，牙關叩緊，鵲橋高駕，呼吸之間，出下入上，

握固思神勢

合掌趺咖勢

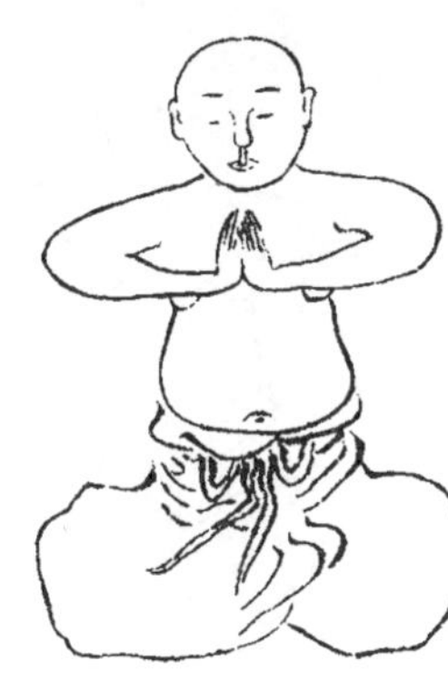

雙手推門勢

九圖運功在此一聚。前則運精化氣，此則運氣歸神，氣三度開起下勢。

合掌趺跏勢

此勢盤腳同前，上身如正身圖中獻杵起功，呼吸三口，使氣凝聚五臟。

雙手推門勢

此勢盤腳同前，上身如正身圖中出爪亮翅狀，雙手陽掌向前做推門勢，呼吸三口，使氣會通百脈。

一團和氣勢

此勢盤腳同前，上身如正身圖中雙鳳

一團和氣勢

伸肱理脈勢

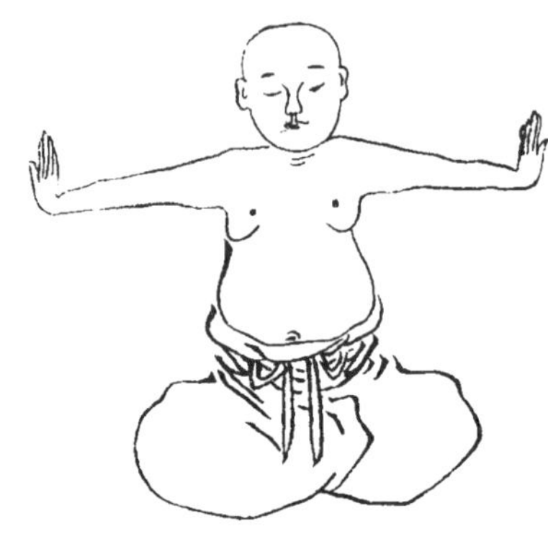

朝陽狀，呼吸三口，使氣活活潑潑，和順一團。

伸肱理脈勢

此勢盤腳同前，上身如正身圖中飛騰展翅狀，呼吸三口，伸肱理氣，貫注百脈。

虛托開胃勢

此勢盤腳同前，上身虛托向上，如正身圖中雙手托塔狀，呼吸三口，使胃氣開暢。

負重固腋勢

此勢盤腳同前，上身如正身圖中三峰峙立狀，將兩掌翻朝上向，如負重托物，呼吸三口，固兩腋。

舒肝理肺左勢

此勢盤腳同前，上身如正身圖中龍探右爪狀，呼吸三口，以理肺氣。

虛托開胃勢

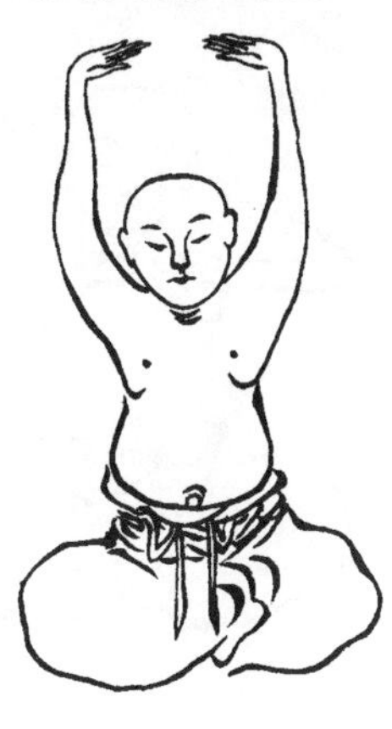

負重固腋勢

舒肝理肺左勢

舒肝理肺右勢

此勢盤腳同前，上身如正身圖中龍探左爪狀，呼吸三口，以舒肝氣。

盤坐橫肱勢

此勢盤腳同前，上身如正身圖中橫肱蹲立狀，呼吸三口，使氣迴旋於四肢。

三焦達利第一勢

三焦達利第二勢

三焦達利第一勢

此勢盤腳同前，上身如正身圖中三才通氣第一勢，呼吸一口，使氣凝聚於上焦。

三焦達利第二勢

此勢盤腳同前，上身如正身圖中三才通氣第二勢，呼吸一口，使氣貫注於下焦。

三焦達利第三勢

三焦達利第四勢

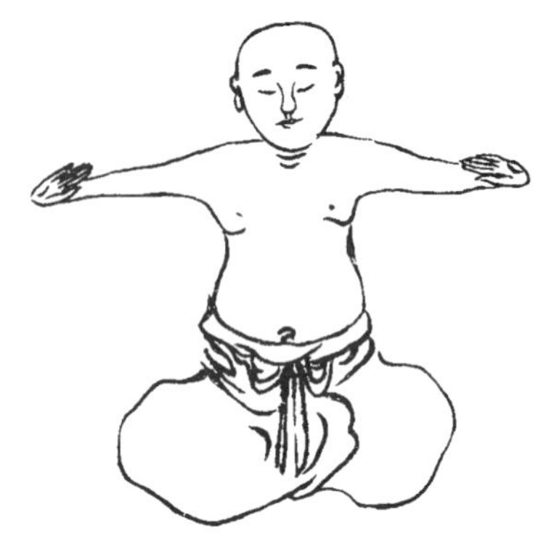

三焦達利第三勢

此勢盤腳同前，上身如正身圖中三才通氣第三勢，呼吸一口，使氣醞蓄於中焦。

三焦達利第四勢

此勢盤腳同前，上身如正身圖中三才通氣第四勢，呼吸一口，使中焦開暢。

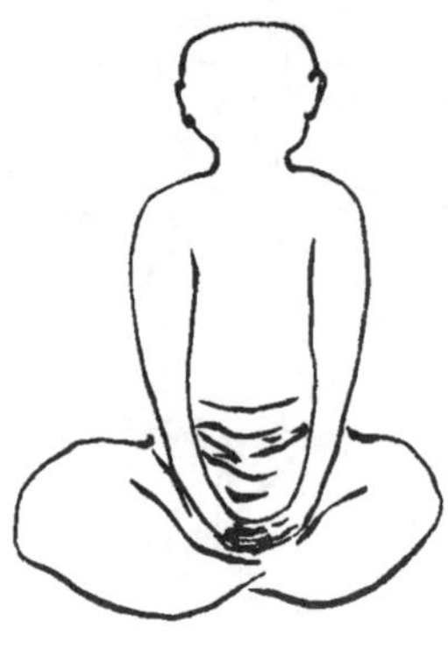

三焦達利第六勢

三焦達利第五勢

此勢盤腳同前，上身如正身圖中三才通氣第五勢，呼吸一口，使氣又由中焦降至下焦。

三焦達利第六勢

此勢盤腳同前，上身如正身圖中三才通氣第六勢，呼吸一口，使氣又由下焦翻上中焦。

三焦達利第七勢

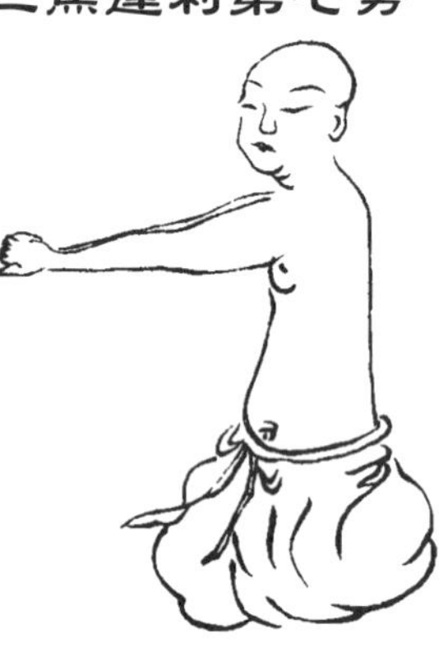

三焦達利第八勢

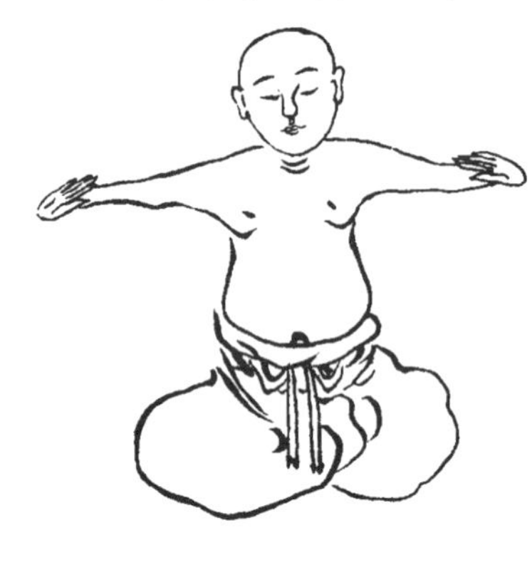

三焦達利第七勢

此勢盤腳同前，上身如正身圖中三才通氣第七勢，呼吸一口，使氣貫滿於中焦。

三焦達利第八勢

此勢盤腳同前，上身如正身圖中三才通氣第八勢，呼吸一口，使氣散注於中焦。

三焦達利第九勢

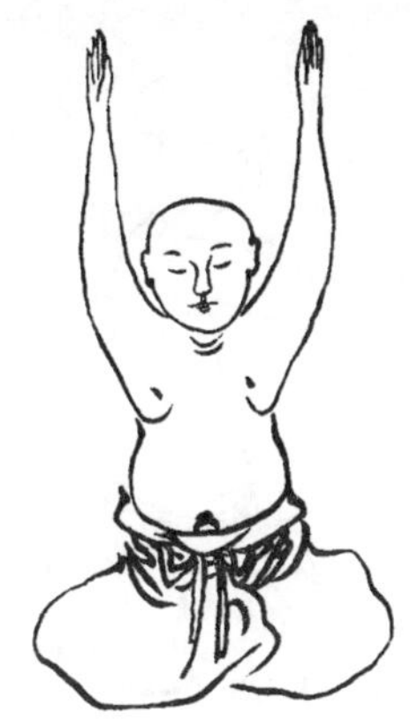

三焦達利第十勢

三焦達利第九勢

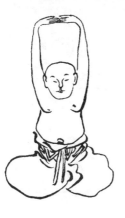

此勢盤腳同前，上身如正身圖中三才通氣第九勢，呼吸一口，使氣又由中焦衝運於上焦。

三焦達利第十勢

此勢盤腳同前，上身如正身圖中三才通氣第十勢，呼吸一口，使輕清之氣上浮於上焦。

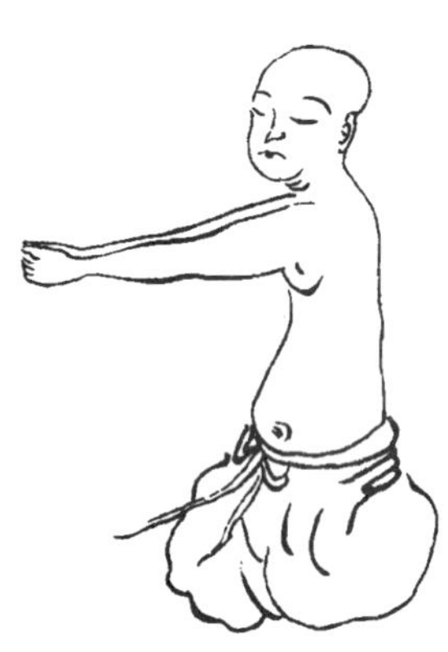

三焦達利第十二勢

三焦達利第十一勢

此勢盤腳同前，上身如正身圖中三才通氣第十一勢，呼吸一口，使純陽之氣歸位於中焦。

三焦達利第十二勢

此勢盤腳同前，上身如正身圖中三才通氣第十二勢，呼吸一口，使純陽之氣充牣於中焦。

三焦達利第十四勢　三焦達利第十三勢

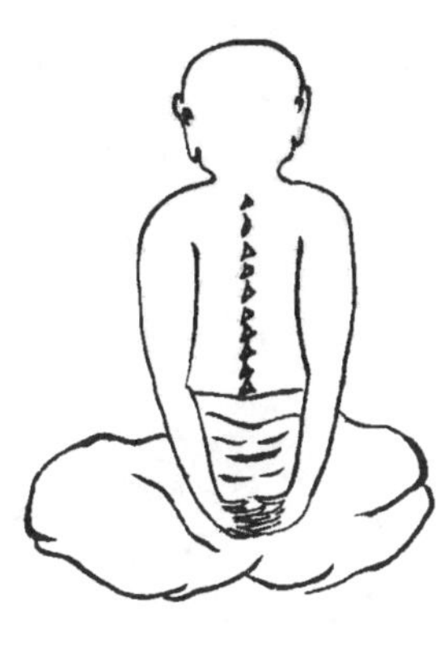

三焦達利第十三勢

此勢盤腳同前，上身如正身圖中三才通氣第十三勢，呼吸一口，使純陽之氣散滿於中焦。

三焦達利第十四勢

此勢盤腳同前，上身如正身圖中三才通氣第十四勢，呼吸一口，使重濁之氣下降於下焦。

右三焦達利十四勢，雖與正身圖中三才通氣十四勢，並半身圖中馬上交關下十四勢同，而前是運氣流通，中是運氣貫注，此是運氣歸位，功分三等，理歸一貫，行功至此，縱橫上下，無不入妙矣。

左摘星換斗勢一

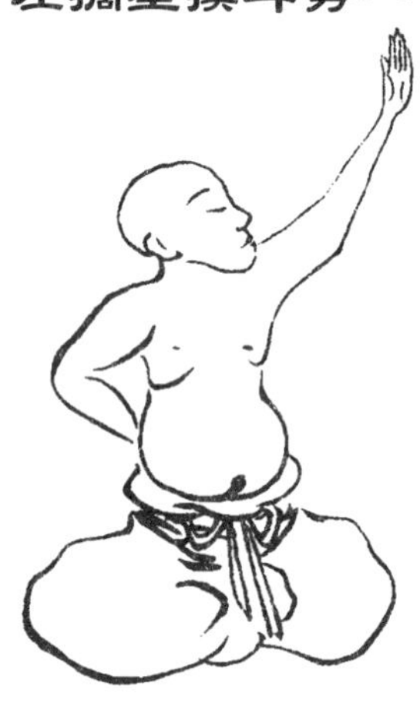

此勢盤腳同前，上身如側身圖中獨手擎天勢向左，呼吸三口，引氣左升。

左摘星換斗勢二

此勢盤腳同前，上身如側身圖中翻手拔刀勢向右，呼吸三口，導氣右旋。

右摘星換斗勢一

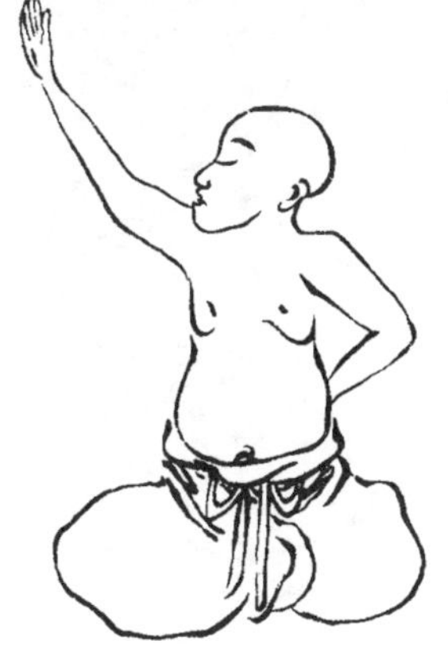

左摘星換斗勢三

左摘星換斗勢三

此勢盤腳同前，上身如側身圖中開弓打蛋勢向右，呼吸三口，挽氣和肝。

右摘星換斗勢一

此勢盤腳同前，上身如左摘星換斗第一勢向右，呼吸三口，引氣右伸。

右摘星換斗勢二

右摘星換斗勢三

右摘星換斗勢二

此勢盤腳同前，上身如左摘星換斗第二勢向左，呼吸三口，導氣左旋。

右摘星換斗勢三

此勢盤腳同前，上身如左摘星換斗第三勢向左，呼吸三口，挽氣潤肺。

右摘星換斗六勢是法飛星過度，以呼吸導引上浮，清氣輪轉於天盤之上，故名「摘星換斗」。

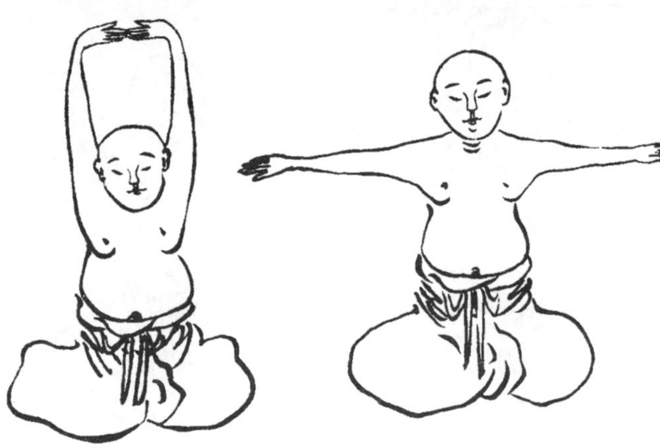

一字通關陰掌勢

此勢盤腳同前，上身就前勢，將兩陰掌朝上，往兩邊平平盡力一伸如一字狀，呼吸一口，以通中焦關竅。

雙手虛托勢

此勢盤腳同前，上身就前勢將兩掌虛虛托起，呼吸一口，使氣通上焦關竅。

雙手再托勢

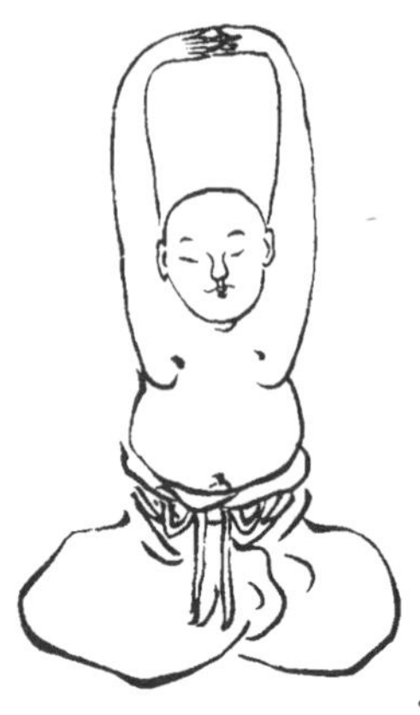

平心下氣勢

平心下氣勢

此勢盤腳同前，上身就前勢將兩掌挨身放下，疊放兩腳交加處，平心下氣，呼吸一口，使氣由上焦通下焦關竅。

雙手再托勢

此勢就前勢，將兩掌再覆頂門向上，虛虛托起，呼吸一口，使氣通上焦關竅。

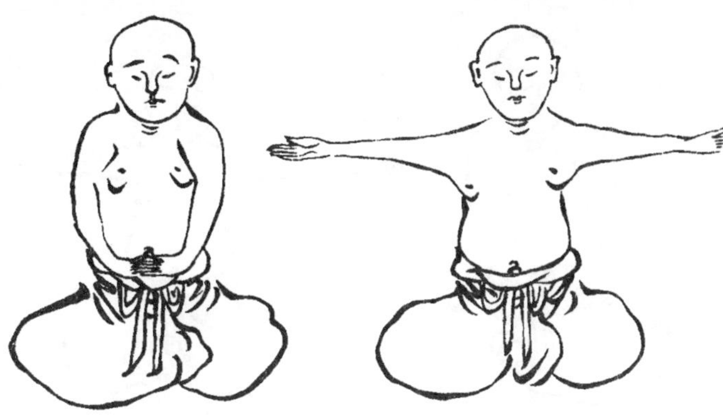

一字通關陽掌勢

此勢就前勢，將兩手伸膀直肱，順勢放下，陽掌朝上，平肩往兩邊一撐，亦如一字狀，呼吸一口，使氣由上焦通中焦關竅。

收氣回抱勢

此勢就前勢，將兩掌收回，疊放兩腳交加處，呼吸一口，使氣由中焦通下焦關竅。

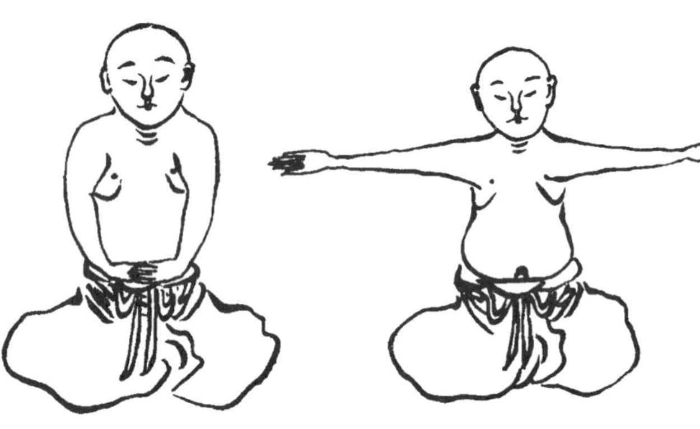

一字通關陰掌還原勢

此勢就前勢，將兩手伸膀直肱，又往兩邊抬起分開，陰掌朝上，陽掌朝下，平肩盡力做一字一撐，呼吸一口，使氣由下焦通中焦關竅。

收抱還原勢

此勢如前勢，收氣回抱勢，將氣分三次，緩緩坐下，每坐下一次，呼吸一口，共坐下三次，呼吸三口，使三焦之氣各還原地。

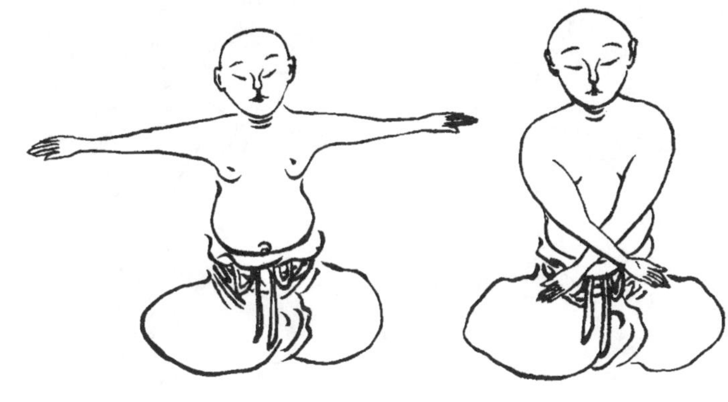

十字通關下手勢

此勢就前勢，將兩陰掌向前垂下，挨身駕十字，盡力往兩邊分開至肩，隨分隨上，呼吸一口，使氣斜開周身關竅。

十字通關陰掌勢

此勢就前勢，伸膀直肱，將兩陰掌往兩邊盡力一排，呼吸一口，使氣橫開周身關竅。

十字通關回抱勢

此勢就前勢，將兩掌挨身駕十字垂下，收回屈肱抱肩，坐下氣海，呼吸一口，使氣透周身關竅。

十字通關陽掌勢

此勢就前勢，將兩手換作陽掌，平胸向前駕十字，盡力往兩邊一排，呼吸一口，使氣橫開周身關竅，復兩手平肩陽掌朝上，盡力往兩邊一撐，呼吸一口，使氣橫舒周身關竅。

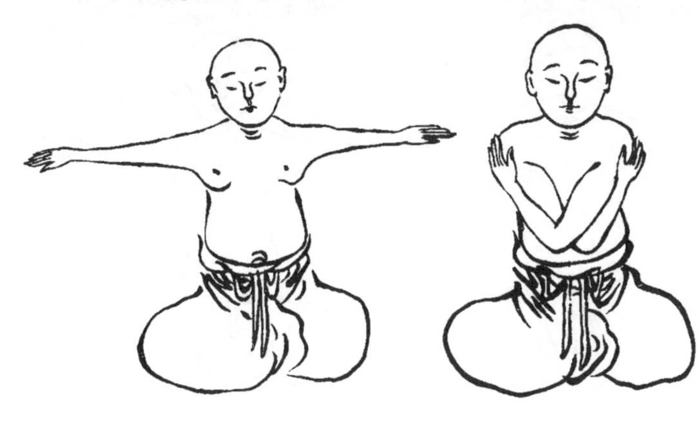

十字通關陰掌還原勢
十字通關交抱勢

十字通關交抱勢

此勢就前勢，將兩手順陽掌駕十字平胸，收回抱肩，坐下氣海，呼吸一口，使氣橫透周身關竅。

十字通關陰掌還原勢

此勢就前勢，將兩手陰掌朝上平肩，駕十字打開至肩，手與肩平，豎起脊樑，往兩邊盡力一撐，呼吸一口，使氣上通下透，各還本部。

十字通關握拳勢

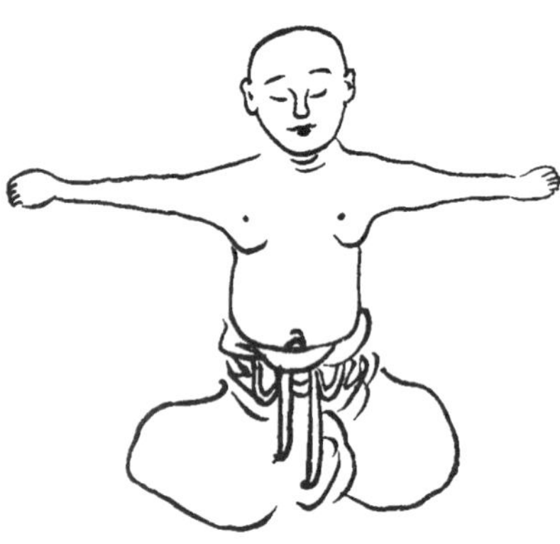

十字通關收拳勢

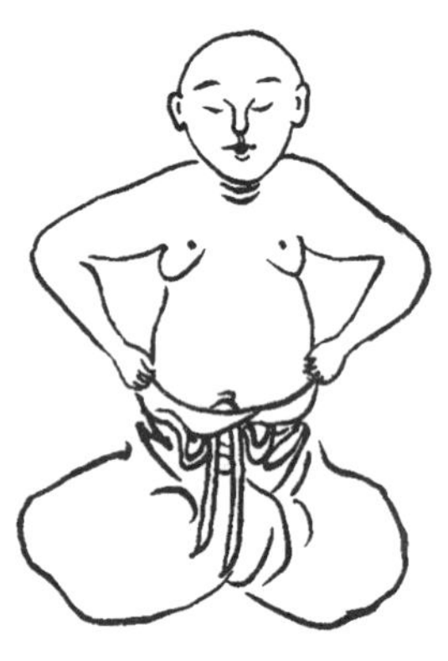

十字通關握拳勢

此就前勢，將兩掌握拳，伸膀直肱平肩，盡力往兩邊一抵，呼吸一口，以閉周身關竅。

十字通關收拳勢

此勢就前勢，將兩拳順肩收回，頓放兩股上大骨處，呼吸一口，以關周身關竅。

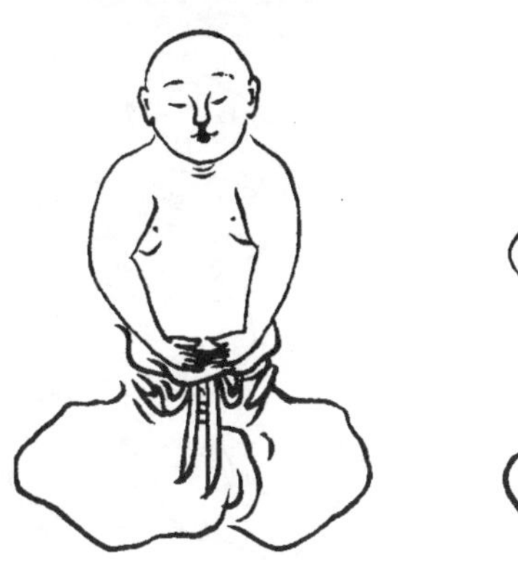

十字通關叉手勢

此勢就前勢，將兩拳兩掌換作叉，放原處，大指在前，四指在後，呼吸一口，以鎖周身關竅。

疊掌還原勢（點校：此勢在目錄中稱為「疊掌定氣勢」）

此勢就前勢，將兩掌收回，疊放兩腳交加處，以定神氣。

握固還原勢

握固還原勢

此勢掌上操拳，右拳左掌，環拱平胸，呼吸三口，仍還握固思神之原，坐功畢矣。毋庸下坐，接做定功。

卷四

第十三卷

定身圖說

凡行功至此圖時，水火既濟，坎補離填，採煉功畢，最宜久坐。運幾多時，定亦幾多時，大約運一下鐘，定亦一下鐘；運一枝香，定亦一枝香。做此勢坐時，運未到者，補運之定，有移者，隨止之，久久渾噩，大極一團，默念、存想、呼吸，俱化精氣神，三寶覺入，即色即空，不見實見境界，斯能養嬰入定，歸原出神，運定功全。

按：定身圖八勢，是涵養性靈，全收前坐立行止、升降抑揚、屈伸宛轉、運定之效，萬不可輕易行之。行功至此，須屏絕念慮，洗滌心胸，耳不聞，目不見，心無所思，無一切掛礙，唯知以所運之氣，歸蓄三焦，旋轉黃庭。意之所至，氣之所至，採藥煉丹，養嬰入定，全賴於此；返本還原，成真證果，實基於此。此時不能調息定位，壹志凝神，則心必走著，氣難內積，將見前之運功，皆成外壯，豈不惜哉！然亦不可十分著意，貴無忘無助，不黏不脫，亦離亦合，妙極趣極，心經所謂「色不異空，空不異色，色即是空，空即是色」者，即此境地也。學道之人，平時細心體之，臨時一心向之，過時又回心審之，日久功深，不特易筋換骨，即伐毛洗髓，亦無難矣。

定身圖八勢

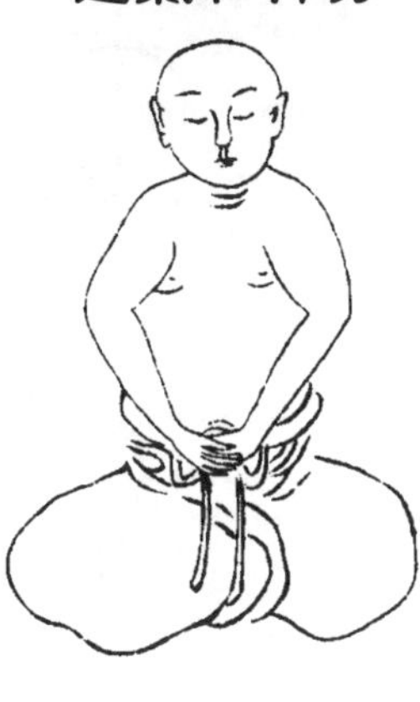

定氣和神勢

此勢與坐身圖中握固思神勢同，但氣穴要使之微閉，則氣始定；神光要使之內斂，則神始和。一呼一吸，吸降呼升，三呼三吸，緩做下勢。

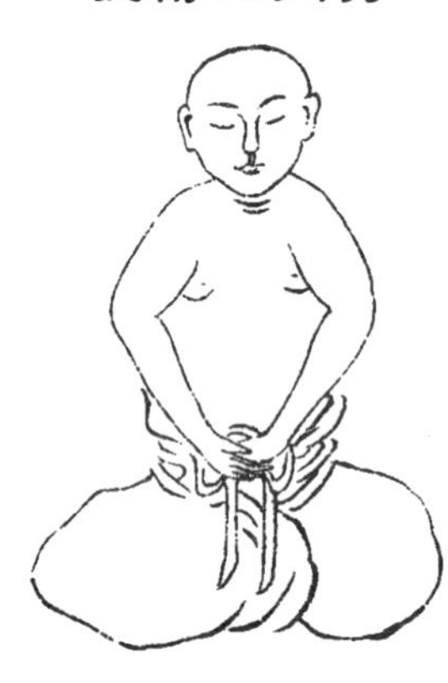

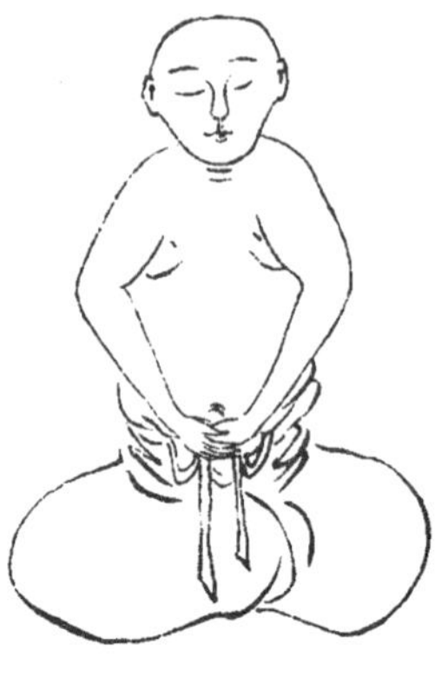

旋轉日月勢

此勢立身盤腳俱與前同，拳掌安放亦無異。將氣海坐下，使氣穴微閉，兩眼左轉二十一輪，呼吸二十一口，呑津三度；右轉二十一輪，呼吸二十一口，呑津三度，再做下勢。

倒湧清泉勢

此勢雙疊兩腳，豎起脊樑，高駕鵲橋，合眼平視。拳掌安放兩腳交加處，吸下呼上，呼吸三口，導引黃河逆流，衝動督任，倒湧天梯，醍醐灌頂，水簾不絕，再做下勢。

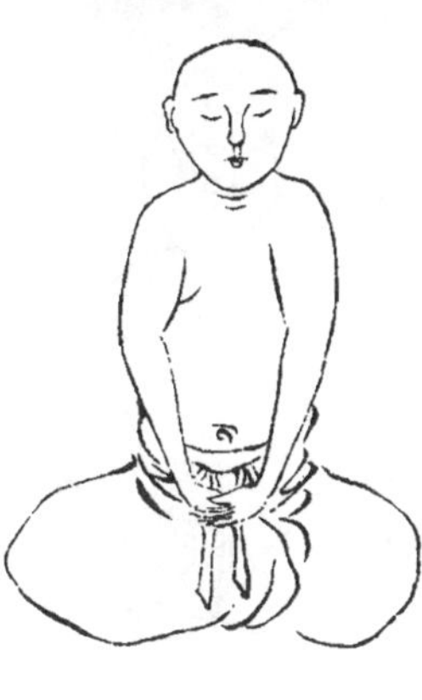

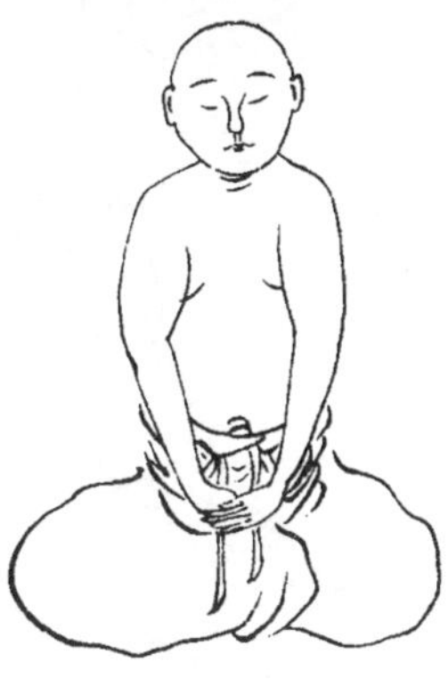

返觀內照勢

此勢盤腳立身，拳掌安放悉如前法，呼吸之間，吸則眼觀鼻，鼻觀心，心觀腎；呼則衝督任，上天梯，翻泥丸。不可失意，亦不可十分著意，太急難到，太緩必滯。不疾不徐，呼吸三口，自能內照，洞觀臟腑。

龍行虎奔勢

此勢緊閉牙關，高駕鵲橋，氣海坐下，緩緩呼吸二十一次，每七次吞津三口，使龍行虎奔。三三九口畢，換做下勢。

汲精補髓勢

此勢將兩腳舒伸，兩掌蓋膝，吸降呼升，呼吸三口，使所運之津液之精、氣血之精，上補神髓，開啟性靈。

返本還原勢

此勢屈肱將兩腳收回，兩腳掌合抵，兩手伸膀直肱，合掌交叉，緊抱兩腳十趾，坐下氣海，緩緩呼吸七口，吞津三度，使胎嬰團結，返本還原。

養嬰歸原入定出神勢

養嬰歸原入定出神勢

此勢坐法與定身第一圖同，但呼吸至此，愈隱愈微，不惟無聲，並若無氣，渾渾噩噩，杳杳冥冥，一塵不染，萬象皆空，胎嬰所在，活活潑潑，有我無我，出入悉定，萬化之原，太初之本。

偈曰：

行功至斯，無生無死，定而不定，出入由己。觀自在相，神嬰脫體，洗髓功深，天靈蓋啟。混沌一元，與天地匹，渾化無邊，究竟得止。圓覺功夫，權輿在此。

卷四

第十四卷

臥身圖說

臥身圖總說

凡做睡功，不必拘定，頭頂北，面朝西，一腳屈，一腳伸，屈肱作枕。諸法總須鞠躬屈膝，緊閉牙關，高駕鵲橋，合眼收光，返觀內照，壹志凝神，調息定氣，吸降呼升，萬緣屏除，一心皈命，混混沌沌，無夢無驚，方可使河車運動，督任交通，坎離既濟，陰陽相生，當亥子丑寅四時，最宜安息，升降清濁，使心腎交關，百脈朝會，此四時不睡，水穀之精，不能化津升騰天頂，貫注周身，雖酣終日，臥亦奚益焉！天氣下降，地氣上騰，日月往來，陰陽交構，正在此四時。修煉家千萬不可失此機會，此小周天也。至於睡法圖有十式，隨擇一圖睡之，俱可旋轉車輪。切忌如屍仰臥，伏地覆臥。

又佛傳睡功有捫臍摸腹、搾搓睾丸、揉擦下體諸法，宜於初睡醒

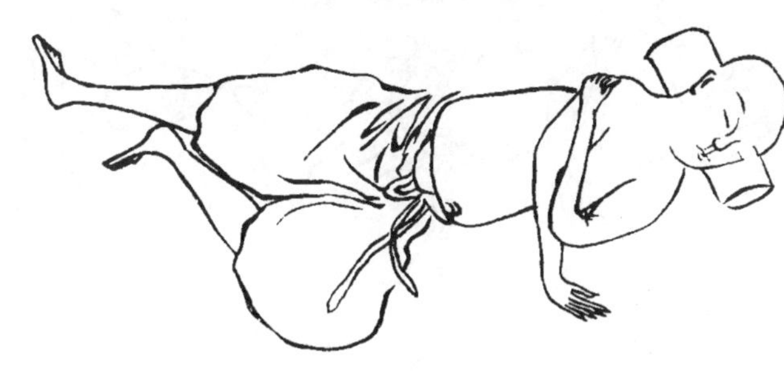

時行之，欲睡時只宜做臥身圖勢，千萬不可運動臍腹、睾丸、下體等處，恐功力未到，睡後走丹。

臥身圖十勢

左伏身側臥勢

此圖頭向左臥，左腳屈右腳伸，左手抱肩，右手覆按席上，側身伏席臥。

右伏身側勢

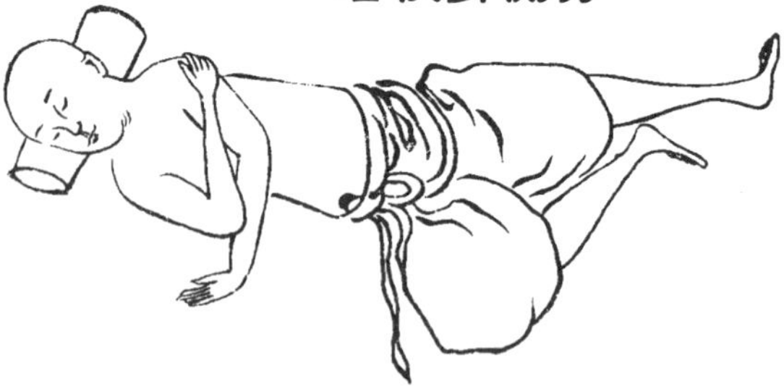

左坦腹側臥勢

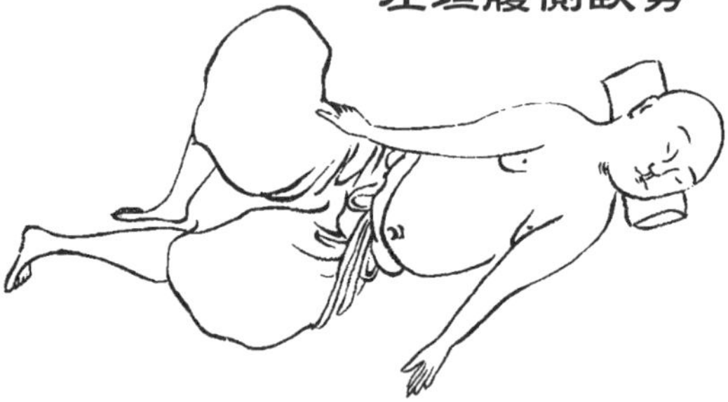

右伏身側臥勢

此圖頭向右臥，右腳屈左腳伸；右手抱肩，左手覆按席上，側身伏席臥。

左坦腹側臥勢

此圖頭向左臥，左腳伸右腳屈立；左手仰放席上，右手覆按右腿，坦腹側身向上面臥。

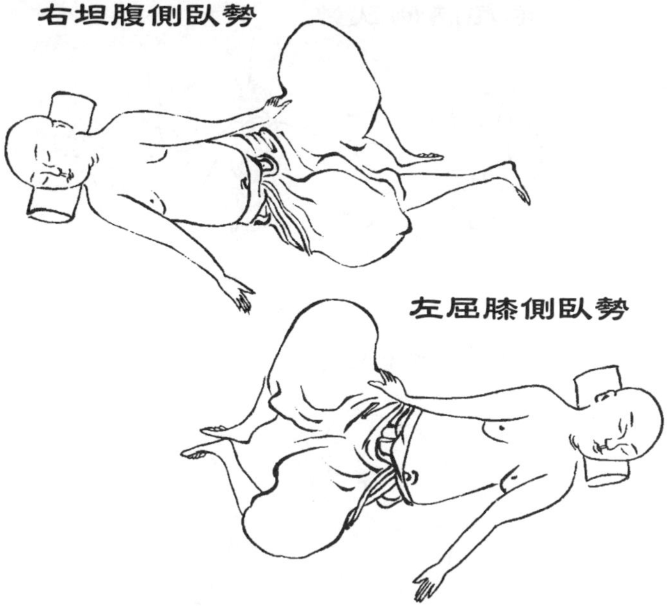

右坦腹側臥勢

左屈膝側臥勢

右坦腹側臥勢

此圖頭向右臥，右腳伸左腳屈立；右手仰放席上，左手覆按左腿，坦腹側身向上面臥。

左屈膝側臥勢

此圖頭向左臥，左腳屈放席上，右腳屈立；左手仰放席上，右手覆按右腿，坦腹側身向上面臥。

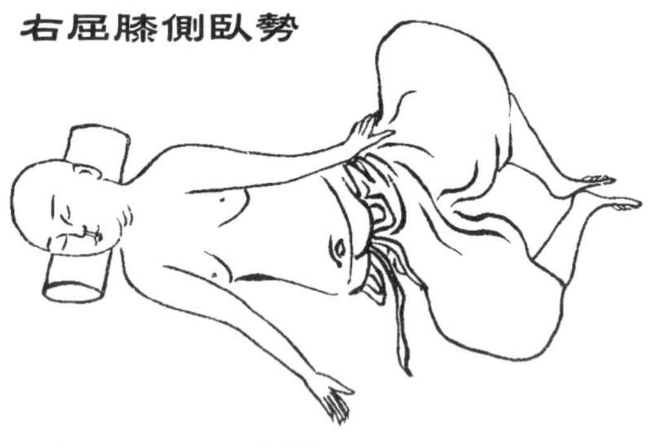

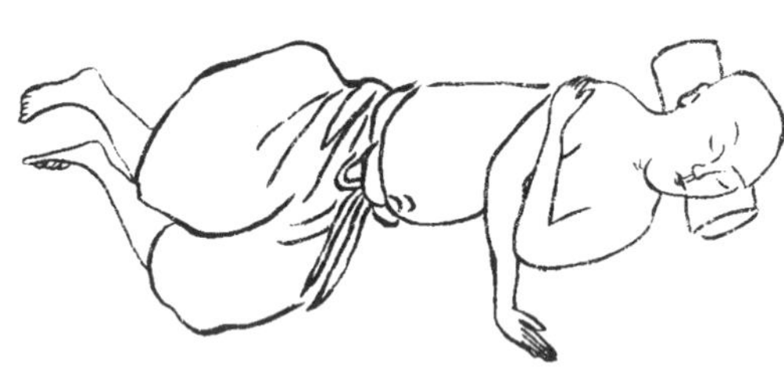

右屈膝側臥勢

此圖頭向右臥，右腳屈放席上，左腳屈立；右手仰放席上，左手覆按左腿，坦腹側身向上面臥。

左如弓側臥勢

此圖頭向左臥，左腳屈放席上，右腳仍屈如左腳疊放左腳上，陽物腎囊用手兜出，使兩胯不相挨；左手抱肩，右手覆按席上，如弓側臥。

右如弓側臥勢

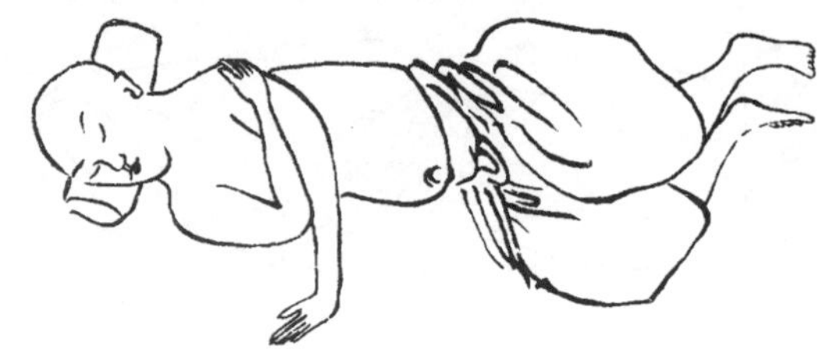

左坦腹仰臥勢

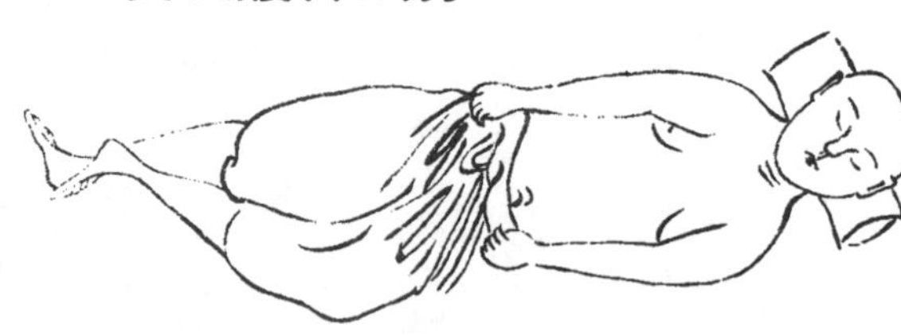

右如弓側臥勢

此圖頭向右臥，右腳屈放席上，左腳仍屈如右腳，疊放右腳上，陽物腎囊用手兜出，不使兩胯相挨；右手抱肩，左手覆按席上，如弓側臥。

左坦腹仰臥勢

此圖頭微向左而坦腹仰臥，以左腳交右腳上；兩手握拳安放兩股，雖仰，微側向右身左。氣不舒時，宜睡此勢，平時少用。

右坦腹仰臥勢

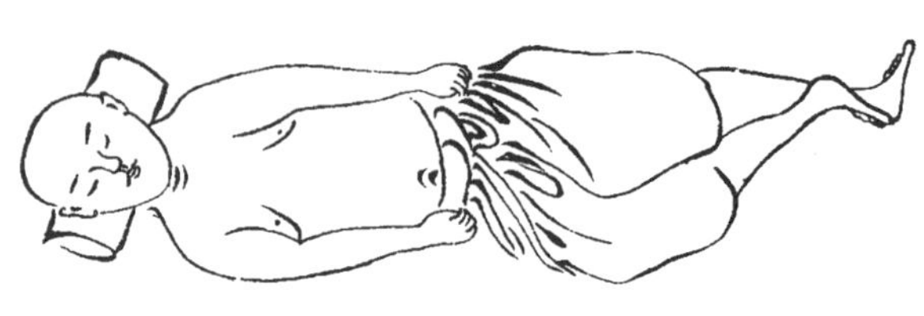

右坦腹仰臥勢

此圖頭微向右而坦腹仰身臥，以右腳交左腳上；兩手握拳安放兩股，雖仰，微側向左身右。氣不舒時，宜睡此勢，平時少用。

凡睡，衣宜解，帶宜鬆，床求平坦，被無覆頭，枕不可過高，亦不可過低，以頭居肩中為度。手不可抱頭，亦不可放骨縫處，以阻氣道。兩胯宜微開，使腎囊陽物不壓，斯為合法。

卷四

第十五卷

增益易筋內壯神勇圖說

易筋內壯圖說序

是編原載易筋末卷，茲列於「十二圖說」後。以是編多外運搓揉搗練之法，既易筋洗髓兼行，純乎三寶主宰理氣運行。與專習易筋不同，參以外運，易於動念，恐難入理，爰各為一卷。修煉家擇取用之，以助內壯。無拘行功前後、平時閒暇，俱可採用，或擇一年專習更妙。然皆須如法，不可造次。用時亦須心不外馳，氣不外散，志無他用。注意毋求外壯。一落外壯，終無內壯。兼求外壯，內臟難充，功成而強盛不久；專求內壯，外效雖緩，功成而鐵石不磨，聖凡之界，實判於此。編內雖有外功、餘勇各條，亦道家末技，附於篇後。若專心於是，縱有奇驗，亦勇士耳，奚足貴哉！

內壯神勇後行說

前言內壯神勇功夫，先行之，既恐誤入外壯；兼行之，又慮震驚元神，不如於內功行至病去身強，內充氣積，任督交通，導引路熟，河車運動，存想意純過後，擇一暇閑處，循其規矩，按其部位，壹其心志，運練一周，外壯成而內壯愈至，最為良法。

初月行功法

初行功時，當解襟仰臥，心上臍下，適當其中，按以一掌，自右向左揉之。徐徐往來均勻，勿輕而離皮，勿重而著骨，勿亂動游擊，斯為合式。當揉之時，冥心內觀，著意守中，勿忘勿助，意不外馳，則精氣神皆附注一掌之下，是為如法火候。若守中純熟，揉推勻淨，正揉之際，竟能睡熟，更為得法，愈於醒守也。如此行持，約略一時。時不能定，則以大香二炷為則，早午晚共行三次，日以為常。如少年火盛，只宜早晚二次，恐其太驟，致生他虞。行功既畢，靜睡片時，醒起酬應無礙。

二月行功法

初功一月，氣已凝聚，胃覺寬大，其腹兩旁筋皆騰起，各寬寸餘，用氣努之，硬如木石，便為有驗。兩肋之間，自心至臍，軟而有陷，此則是膜。較深於筋，掌揉不到，不能騰起也。此時應於前所揉一掌之旁，各開一掌，仍如前法，徐徐揉之。其中軟處，須用木杵深深搗之，久則膜皆騰起，浮至於皮，與筋齊堅，全與（點校：「與」，疑為

「無」字）軟陷，如為全功。此揉搗之功，亦準二香，日行三次，以為掌（點校：當為「常」字）則，可無火盛之虞矣。

三月行功法

功滿兩月，其間陷處，至此略起，乃用木槌輕輕打之。兩旁所揉各寬一掌處，卻（點校：「卻」，疑為「都」字）用木槌如法搗之，又於其旁至兩肋梢各開一掌，如法揉之準，以二香為則，日行三次。

四月行功法

功滿三月，其中三掌皆用槌打，其外二掌先搗後打。日行三次，俱準二香。功踰百日，則氣滿筋堅，膜亦騰起，是為有驗。

行功輕重法

初行功時，以輕為主。一月之後，其氣漸盛，緩緩加力，漸漸加重，乃為合宜。切勿太重，以致動火。切勿游移，或致傷皮，慎之慎之！

用功淺深法

初功用揉，取其淺也，漸次加力，是因氣堅，稍為增重，仍是淺也。次功用搗，方取其深。再次用打，打外雖屬淺，而震入於內則屬深。俾內外皆堅，方為有得。

兩肋內外功分

功逾百日，氣已盈滿，譬之澗水平岸，一稍為決導，則奔放他之，無處不到，無復在澗矣。當此之時，切勿用意引入四肢，所揉之外，切勿輕用槌杵搗打，略有引導，則入四肢，即成外勇，不復來歸行於骨內，不成內壯矣。其入內之法，為一石袋，從心口至兩肋梢骨肉之間，密密搗之，兼用揉法，更用打法。如是久久，則所積盈滿之氣，循之入骨，入骨有路則不外溢，始成內壯。內外兩歧於此分界，極難辨審。倘其中稍有夾雜，若輕用引弓努拳打撲等勢，則氣趨行於外，永不能復入於內矣。慎之，慎之。

木杵木槌說

木杵木槌皆用堅木為之，降真香為最佳，文楠、紫檀次之，花梨、白檀、鐵梨又次之。杵長六寸，中徑五分，頭圓尾尖，即為合式。槌長一尺，圍圓四寸，把細頂粗，其粗之中處，略高少許，取其高處著肉，而兩頭尚有閒空，是為合式。

石袋說

木杵、木槌用於肉處，其骨縫之間悉宜石袋打之。取石頭要圓淨，全無稜角，大如葡萄，小如榴子，生於水中者乃堪入選；山中者燥，燥則火易動；土中者鬱，鬱則氣不暢，皆不選也。若稜角尖硬，定傷筋骨，雖產諸水，亦不可選。袋用細布縫作圓筒，其大者長約八寸，其次六寸，再次五寸。空準石頭大小，鬆鬆放下。大者石用一斤，其次十二兩，小者半斤。分置袋中，以指挑之，挨次撲打，久久行之，骨縫之間，膜皆堅壯也。

五、六、七、八月行功法

功逾百日，心下兩旁至兩肋之梢，已用石袋打而且揉矣。此處乃骨縫之交，內壯、外壯在此交界，不於此時導引向外，則其積氣向骨縫中行矣。氣循打處，逐路而行，宜自心口打至頸，又至肋梢，打至於肩。週而復始，切不可倒打。日行三次，共準六香，勿得間斷。如此百日，則氣滿前懷，任脈充盈，功將半矣。

九、十、十一、十二月行功法

功至二百日，前懷氣滿，任脈充盈，則宜運入脊後，以充督脈。從前之氣，已至肩頸，今則自肩頸，照前打法，兼用揉法。上循玉枕，中至夾脊，下至尾閭，處處打之，週而復始，不可倒行。脊旁軟處，以掌揉之，或用槌杵隨便搗打。日準六香，共打三次，或上或下，或左或右，揉打周遍。如此百日，氣滿脊後，能無百病，督脈充滿。凡打一次，用手遍搓，令其勻潤。

下部行功法

積氣至三百餘日，前後任督二脈悉皆充滿，再行此下部工夫，令其通貫。蓋以任督二脈，人在母胎時原自相通，出胎以後，飲食出入，隔其前後通行之道。其督脈自上齦循頂行脊間至尾閭；其任脈，自承漿循胸行腹下至會陰，兩不相貫合。行此下部之功，則氣至可以通接而交旋矣。行此工夫，其法在兩處，其目有十段。兩處者，一在睾丸，一在玉莖。在睾丸曰攢、曰挣、曰搓、曰拍；在玉莖曰咽、曰捽、曰握、曰洗、曰束、曰養。以上十字，除咽、洗、束、養外，餘六字用手行功，皆自輕至重，自鬆至緊，自勉至安，週而復始，不計其數。日以六香，分行三次，百日成功，則其氣充滿，超越萬物矣。凡攢、挣、拍、捽、握、搓六字，皆手行之，漸次輕重。若咽，則初行之始，先吸一口清氣，以意咽下，默送至胸；再吸一口，送至臍間；又吸一口，送至下部行功處，然後乃行攢、挣等功。握字皆用努氣，至頂方為有得，日以為常。洗者，用藥水逐日蕩洗一次。一取透和氣血，一取蒼老皮膚。束字者，功畢、洗畢，用軟帛作繩束其根莖，鬆緊適宜，取其常伸不屈之意。養者，功成物壯，固能慣戰，然不養之，難免無虞，故又宜安閒溫養，切無馳騁多戰。行滿百日，久久益佳，弱者強，柔者剛，縮者長，病者康，居然烈丈夫。雖木石鐵槌，亦無所惴，以之鏖戰，應無敵手，以之延嗣，必種元胎。吾不知天地間，更有何樂大於是法。

下部湯洗水藥方

行功之時，頻宜蕩洗。蓋取鹹能軟堅，功力易入，涼能散火，不致聚熱。一日一洗或二日一洗，以此為常，功成乃止。法用地骨皮、食鹽各適量入煎水，乘熱湯洗。則氣血融和，皮膚舒暢。若於湯洗之時，加吞吐呼吸之功，相間行熟，則為泥水採補最上乘功也。

又方：蛇床子、地骨皮、甘草各量，用煎湯溫，乘熱洗。日一二次。以為常則。

行功禁忌

自上部初功起，至此凡三百餘日，勿多進內。蓋此功以積氣為主，而精神隨之。初功百日內，全宜忌之。百日功畢後，方可進內一次，以疏通其留滯。多不過二次，切不可三次。向後皆同此意。行至下部時，五十日間疏放一次，以去其舊，令生其新。以後慎加保守，此精乃作壯之本，萬勿浪用。俟功成氣堅，收放在我。順施則人，逆施則仙，非凡寶可喻價也。

應用內壯餘技

精氣與神，煉至堅固，用立根基。希仙作佛，可立而待。設人緣未了，用之臨敵對壘時，其切要處在於意有所寄，氣不外馳，則精自不狂，守而不走。設欲延嗣，則按時審候，應機而射，一發中的，無不孕者。設欲鏖戰，則閉氣存神，按隊行兵，自能無敵。若於應用之時，加吞吐呼吸之功，更精神百倍，氣力不衰，晝夜不寢，數日不食，亦無礙矣。

內壯神勇加功法

壯有內外。前雖言分量，尚未究竟，此再明之。前行脇肋打揉之功，是使氣入骨，分令至任督二脈，氣充遍滿，前後交接矣。然力尚未見，何以言勇。蓋以氣未到手也。法用石袋，照前打之。先向右肩，以次打下，至於右手中指之背；又從肩臂打至大指、食指之背；又從肩前打至無名指、小指之背；後從肩裏打至掌內大指、食指之梢；又從肩外打至掌內中指、無名指、小指之梢。打畢，用手處處搓揉，令其匀和。日限六香，分行三次，時常湯洗，以疏氣血。功畢百日，其氣始透。乃行左手，仍準前法。功亦百日，至此則從骨中生出神力，久久加功，其臂腕指掌，迥異尋常，以意努之，硬如鐵石。並其指，可貫牛腹，側其掌可斷牛頭，努拳可碎虎脛，然此皆小用之末技也。

練手餘功

行功之後，餘力練手。其法常以熱水頻頻湯洗，初溫次熱，最後大熱。自掌至腕，皆令周遍。洗畢，不用拭乾，即乘熱擺撒其掌，以致自乾。擺撒之際，以意努氣，至於指尖，是生力之法。又以黑、綠二豆拌置斗中，手插豆，不計其數。一取湯洗，和其血氣；一取二豆能去火毒；一取磨礪，堅其筋骨，厚其皮膚。如此功久，則所積之氣行至於手，而力充矣。其皮膚筋膜，兩堅著骨，不軟不硬。如不用之時，與常人無異，用時注意一努，堅如鐵石，以之禦物，莫能當此。蓋此力自骨中生出，與世俗所謂外壯迥不相同。內外之分，看筋可辨：內壯者，其筋條暢，其皮細膩，而其力極重；若外壯者，其皮粗老，其掌腕臂指處處之筋，盡皆盤結，狀如蚯蚓，浮於皮外，而其力雖多，終無基本。此內外之辨也。

外壯神力八段錦

內壯既得，骨力堅凝，然後可以引達於外。蓋以其內有根基，由中達外，方為有本之學。煉外之功，概以八法：曰提、曰舉、曰推、曰拉、曰揪、曰按、曰抓、曰擰。依此八法，努力行之，各行一遍，週而復始，不計其數。亦準六香，日行三次，久久成功，力充周身。用時，照法取力，無不響應，駭人聽聞。古所謂手托城闡，力能舉鼎，俱非異事。其八法若逐字單行，以次相及，更為精專，任從其便。

神勇餘功

內外兩全，方稱神勇。其功既成，以後常宜演煉，勿輕放逸。一擇園林諸樹大而且茂者，得木土旺相之氣，與眾殊也。有暇之時，即至樹下，任意行功，或槌或扢，或推拉踢拔，諸般作勢，任意為之。蓋取得其生氣以生我力，而又取暇以成功也；一擇山野挺立大石，秀潤完好殊眾者，時就其旁，亦行推按種種字法，時常演之，蓋木石得天地之鍾英，我能取之，良有大用。稽古大舜，與木石居，非漫然也。

運拳掌法

其法：用意蓄氣，周身處處，挺立運之。立必正直，撤頂踵，無懈骨，卷肱，掌指稍屈，兩足齊踵，相去數寸，立定。兩手從上如按物難下狀，凡至地轉腕；從下托物如難上狀，托過其頂，兩手則又攀物如難下。至肩際，轉腕掌向外微拳之，則卷肱立如初，乃卷兩肱開向後者三，欲令氣不匿胸間也。卻舒左右肱攔之，欲右者由左，欲左者由右。左右齊攔，左手撐而極左，右手拉而卻右；復右手撐而極右，左手拉而卻左，左右交互撐拉之，卷兩肱立如初。又出左足，斜舒左股攔之，左手推物向右傾，肩際隨倚右；右手拉向後，出右足，向左換如右，向右換如左，左右向前，交互撐拉各三，接縮左足，右手撐而極左，左手拉而卻後，肩際亦隨倚向左，縮右足，左向者換如右，右向者換如左，左右交退，亦各三。卷兩肱立如初，氣定兩手，平股如掇重物，作舉勢極，仍拔下平股。左右先單舉者三次，交舉者三，終雙舉者又三，卷肱立如初。凡與人交手，彼左來我左迎，彼右來我右迎，手半足斜，掌拳劈最為善法。運拳掌後，又仰臥卷肱如立狀，睡作枕，脊欲起者數十次，運力更妙。但行功必酒醒後及食後一時，方可行。行之先後，宜以拳遍自捶，勿使氣有所不行。或坐時著手指頭搗戶、壁、棹、几，立時以足趾尖緊抓地上，亦能使周身之氣不滯。

搓膀腕法

行功畢，先伸左膀，請道伴以兩手合鬥虎口，用力搓之，由漸而增。如初搓以十數把，漸加至百把為度，右亦如之，務使膀腕發熱透骨。無道伴者，兩手更換搓之亦可，請有力者教之搓亦可，須輕重如一，不可閃氣。

練手足法

初練量力縫做夾布口袋一個，裝米砂五六十斤，懸掛架上。用功畢，常用掌推拳擊，足踢腳蹬，務致動搖，仍用拳腳踢打、迎送，日久漸加砂袋斤重。

練指法

量自力之大小，揀圓淨一二斤重石子一個，用五指抓拿，撒手擲下，不令落地，仍用手指趕抓。如是擲抓，初唯十數次，日久漸加次數及石子斤數，則五指自覺有力矣。又法：每於坐時，不拘時刻，以左右五指著座，微欠身軀，及指自出力。無論群居獨坐，皆可行之，日久自能見效。

右功昉自釋門，以禪定為主。將欲行持，先須閉目冥心，握固神思，屏去紛擾，澄心調息，至神氣凝定，然後依次如式行之。必以神貫意注，毋得徒具其形。若心君妄動，神散意馳，便為徒勞其形而弗獲實效。初煉時，必心力兼到，靜中默數三十數，日漸加增，至百數為止。日行三次，百二十日成功。氣力兼得，則可日行二次，氣力能凝且堅，則可日行一次。務要意念不紛乃成。

運煉始末

運煉之法，先用木鏟擦煉皮膚，再用木杵、木槌搗煉筋骨，後用石袋打煉周身。內氣未積，運硬處避穴道；內氣已積，運轉處兼及穴道。

至體成金剛，然後以石袋專運穴道，收閉關竅，及遍體毛、眼、骨縫等處、斯為合法，千萬不可躐等。

木鏟說

木鏟取材與木杵、木槌同，用時不必拘定百日功滿。壯年強盛者，行功至來復可用；老病羸弱者，效驗到皮著膚肉附骨時亦可用，不必俟筋堅膜起。用法審勢推運，遍及周身，輕重適宜，以不傷皮膚為度。行功前後用之運煉，能鎖孔竅，通穴脈，和氣血，煉皮肉。後加木杵、木槌、石袋煉之，更收全功。但木鏟用之最寬，修煉家宜常佩之，隨時俱可推進。

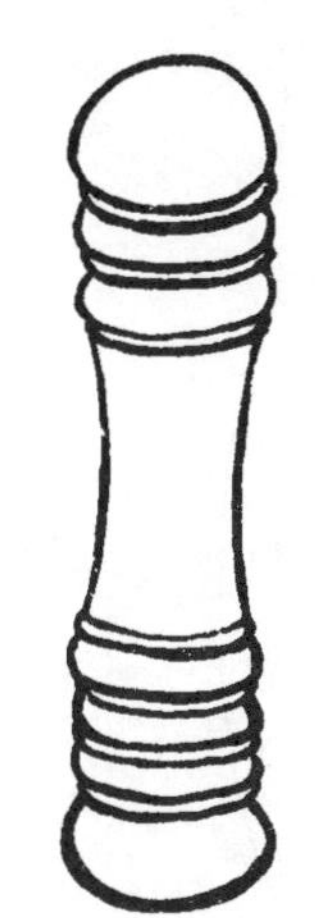

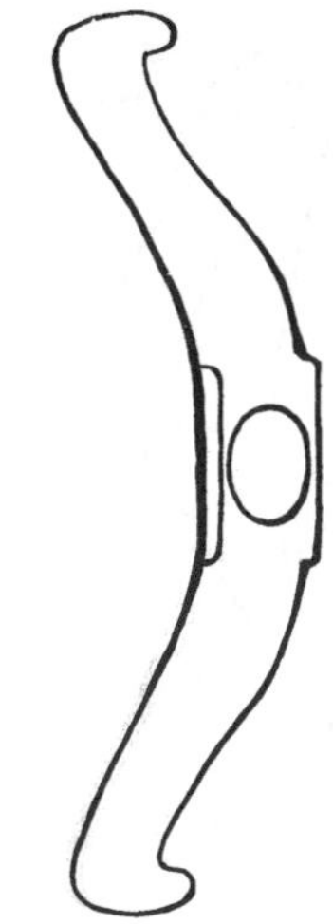

木鐽上式

木鐽上式長三寸，過心五分，上下皆圓，中徑寸半，即為合式。

木鐽下式

木鐽下式長四寸、寬一寸、厚五分，中彎四分，兩頭圓，回彎一分，頂上平方略高，兩邊半分即為合式。

木槌式　木杵式

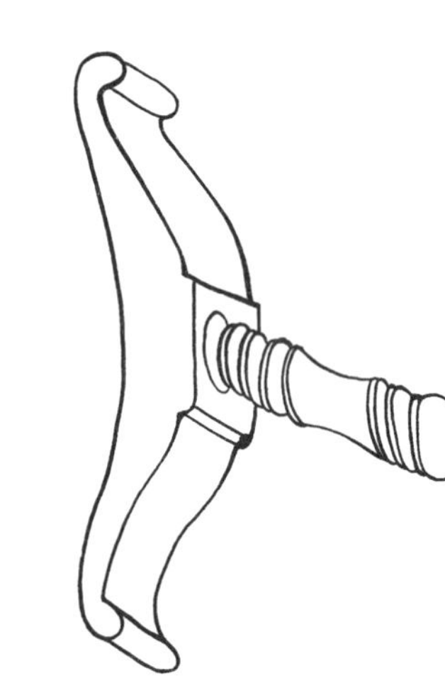

木鏟式

木鏟全式，於下式方頂上鑿三分深圓眼，內寬外窄，以上式煮軟一頭按下鏟成。

木杵式

木杵式長六寸，中徑寸半，頭圓尾尖，即為合式。

木槌式

木槌式長一尺，圍圓四寸，把細頂粗，其中之粗處，粗之中處略高少許是為合式。

石袋式

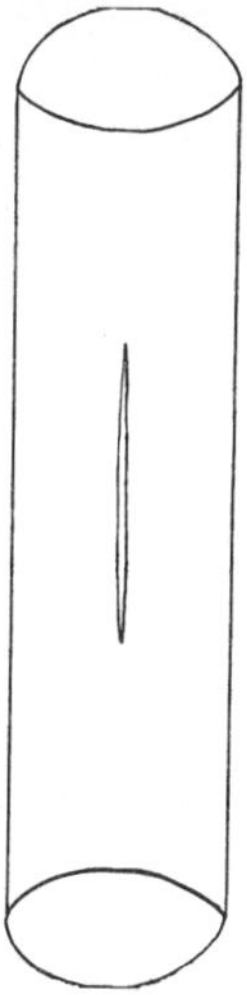

石袋式

石袋式長八寸，次六寸至短五寸，過心一寸。冬用細布、夏用密綢，俱尚青色，縫作圓筒，上下周圍皆圓，袋口適當其中，滿裝石子。袋口縫密，無使漏縫即為合式。其石之輕重、大小與選石用袋之法，詳前石袋說中。

正照反照圖說

此二圖為運練筋骨皮膚而設，防內壯功夫未到，誤中穴道而有阻也。修煉之士，凡用木鏟、木杵、木槌、石袋等器運練筋骨皮膚，必明穴道所在，方知運練部位。大凡內氣未積，只運空處；內氣既積，始練穴道。故圖中注明前身、後身穴道，使修煉者知所禁避，運有分寸，故與法器合為一卷。

立身反照圖勢　立身正照圖勢

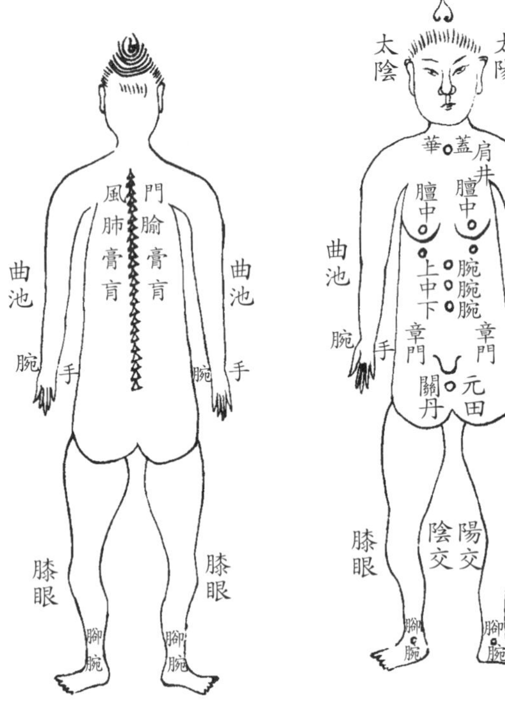

立身正照圖勢

此前面周身穴道部位，按之銅人圖，不全取其運擣易犯之處也。

立身反照圖勢

此後面周身穴道部位，按之銅人圖不全，亦取其運擣易犯之處也。

主神氣說

主神氣者，行動時之存想呼吸也。神住於心，凝於髓；氣生於肺，貫於筋；精繫於腎，運於膜；血藏於肝，統於脾；力壯於骨，鼓於膚，氣運神和則精血力自長，氣定神完則精血力自充，氣結神聚則精血力自融，氣活神定則精血力自化，故修煉家以養氣存神為要，以易筋洗髓為功。

卷五

第十六卷

易筋洗髓支流彙纂

彙輯易筋洗髓內功支流圖說序

編中所輯易筋、洗髓支流，皆十二圖中摘出功夫，兼有內功者也。至於專求外壯，毫無內功，未嘗採入。但行住坐臥運定之法，唯各擅長，其用法得力不一，如十二大勁專求運力；韋馱勁十二勢專求易筋；立八段錦專求運動血脈；坐十二段錦專求洗髓，未知能分清濁，利陰陽，轉轆轤，運河車否？按摩揉腹一法，由外運內，又難於見效，此六家功夫，雖兼有內功，仍用呼吸存想，何若十二圖之運定法全。

然此數家，各有專門名家久久精習，永無間斷，亦能壯力強體、卻病延年、永保長生，故附錄於十二圖後以備截取，但行功亦須師傳口授，方免入旁。俱未可師心求之，彙此以博得傳者之一助云爾。

十二大勁圖說

凡行練力功夫，須於靜處面向東立，靜慮凝神，通身不必用力，只須使其氣貫兩手。若一用力，則不能貫兩手矣。每行一式，默數四十九字，接行下式，毋相間斷。行第一式，自覺心思法則俱熟，方行第二式。速者半月，遲者一月，各式俱熟，其力自能貫上頭頂，此練力練氣，運行易筋脈之法也。務須嚴謹有恆，戒酒色，日夜行五六七次，工無間斷，食飯四五頓，專心練習至百日，能長千斤之力，此指少壯者言也。即軟弱無力之人，亦可練至五六百斤，倘年老精氣不足者，肯如法操練，日行二三次，亦能健食延年，除一切疾病，真神妙也。

第一勢

第二勢

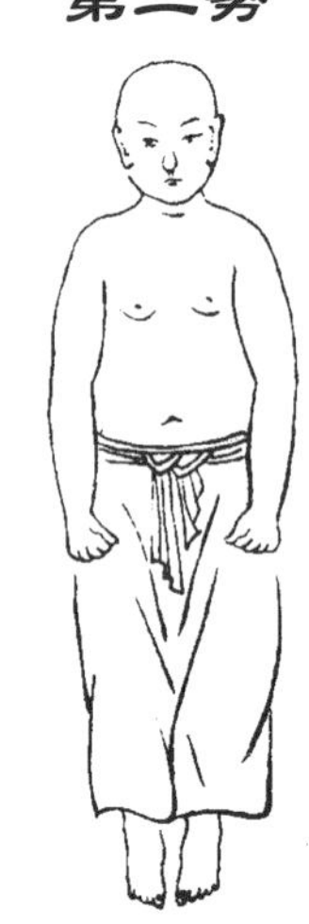

第一式

面向東立，目上視，兩腳站平，寬與肩齊，不可參差。兩手垂下，肘微屈，掌背朝上，掌心朝下，指尖仰翹朝前，默數四十九字，每數一字，指想朝上翹，掌想朝下按。如此四十九翹，四十九按，四十九宮也。

第二式

前式數字畢，將十指屈為拳，背朝前，以兩大指朝身，每數一字拳一緊，大指一翹，數四十九字，即四十九緊，又即四十九翹也。

第三勢

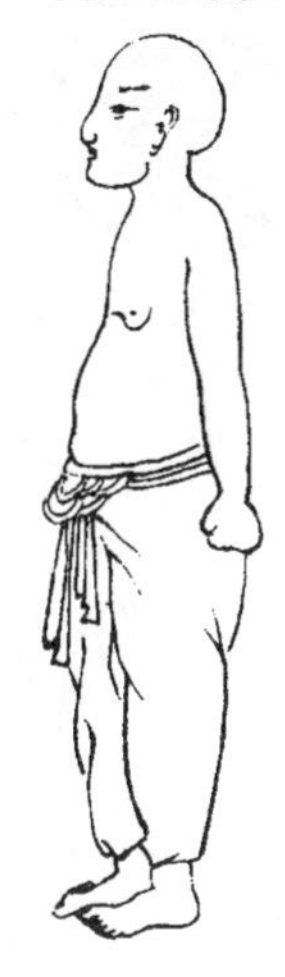

第四勢

第三式

前式數字畢，將大指疊在掌心，捏緊為拳，趁勢往下一伸，肘之屈者從此兩直，以虎口向前。每數一字，拳加一緊，亦數四十九字，四十九緊也。

第四式

前式數字畢，將臂平抬，拳伸向前，與肩齊平，兩肘微屈，虎口朝上，拳掌相離尺許，數一字，拳一緊，數四十九字。

第五勢

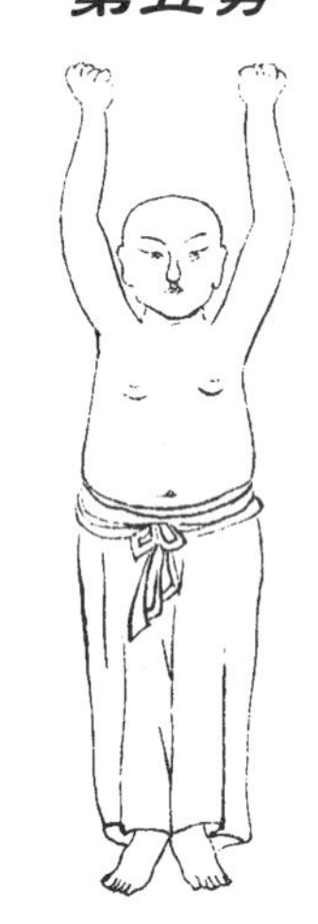

第六勢

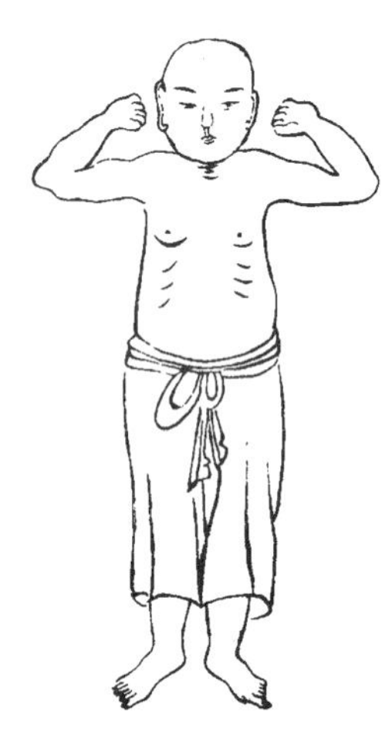

第五式

前式已畢，即接此式，將兩臂豎起，虎口向後，手不可貼頭，拳緊如前，四十九字。

第六式

前式已畢，即接以兩拳，下封對耳一寸遠，以虎口向兩肩，數一字拳一緊，想前兩肘尖往後用力，四十九字。

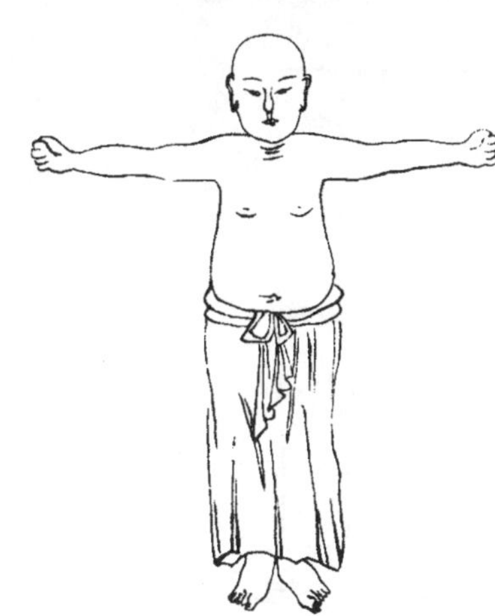

第七式

前式已畢，將身往後一仰，以腳尖離地為度，趁勢將兩手分開，直與肩齊，虎口向上，數一字拳一緊，想兩拳往後排，胸微向前合，數四十九字。

第八式

前式既畢，將兩手收回，兩拳向前合對，與第四式相同。而不同者，手直肘不微屈，拳對相近，只離五六寸遠，數一字拳一緊，亦合，數四十九字。

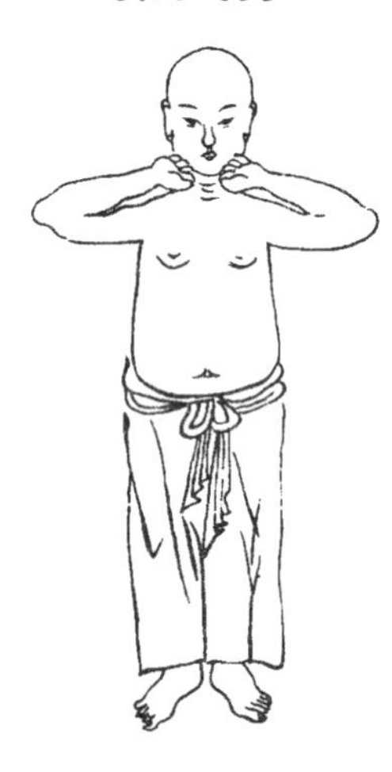
第九勢

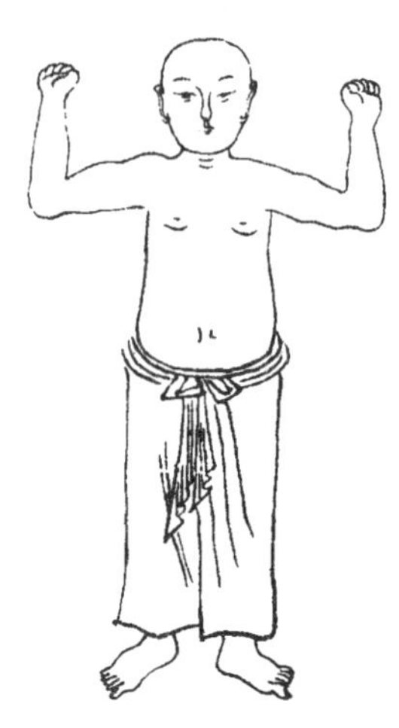
第十勢

第九式

前式已畢，將兩拳收回兩乳之上，即抬起翻拳，向前起對鼻準，頭、拳背、食指大節骨去鼻準二三寸，數一字，拳一緊合，四十九字。

第十式

前式已畢，將兩手分開，虎口對兩耳，如山字形，每數一字，拳一緊，拳想上舉，肘想往外抵合，數四十九字。

第十一勢

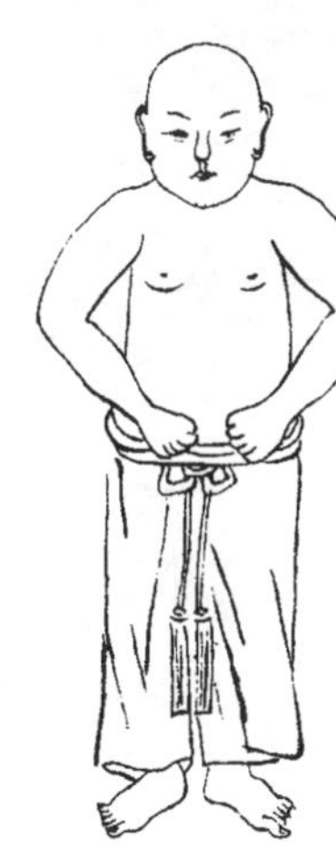

第十二勢

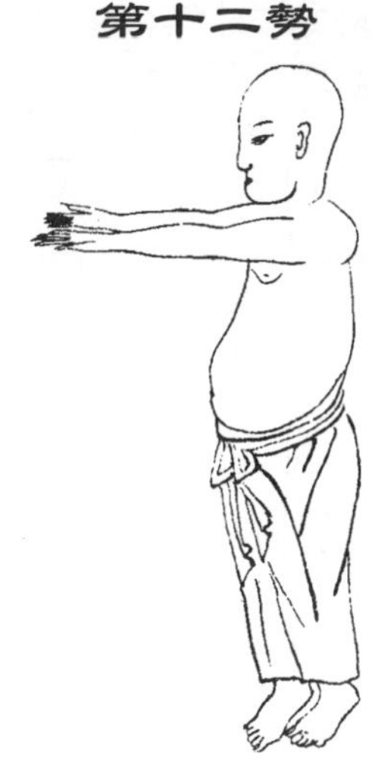

第十一式

前式已畢，將拳翻轉至臍下兩旁，以兩食指大節離臍一二分遠，數一字，拳一緊，數四十九字畢，即吞津三口，隨氣送至丹田。

第十二式

吞津吸氣畢，不數字，兩手鬆開，手垂下，復掌齊向上，三端與肩平端時，腳後跟微起，以助其力，如端重物狀，拳亦往上三舉，肘亦往下三紮，兩腳六跌功全。

立八段錦圖說

兩手托天理三焦

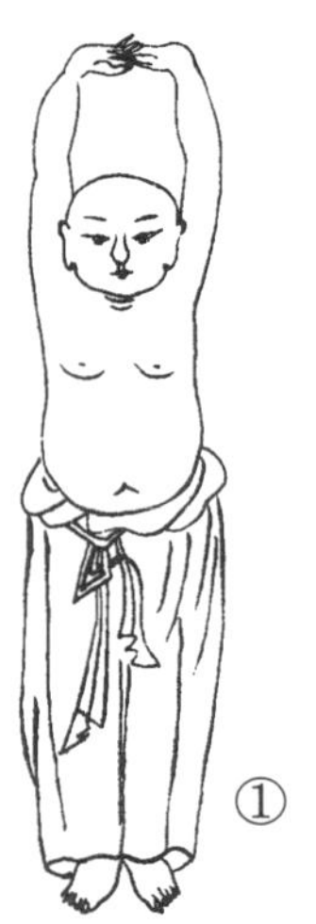

①

左右開弓似射雕

②

調理脾胃須單舉

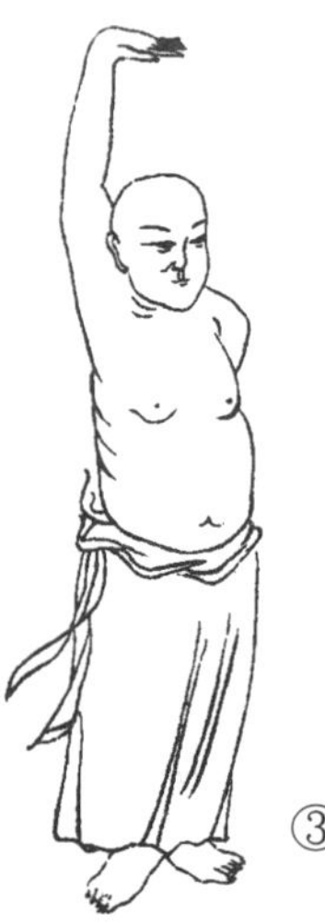

③

五勞七傷往後照

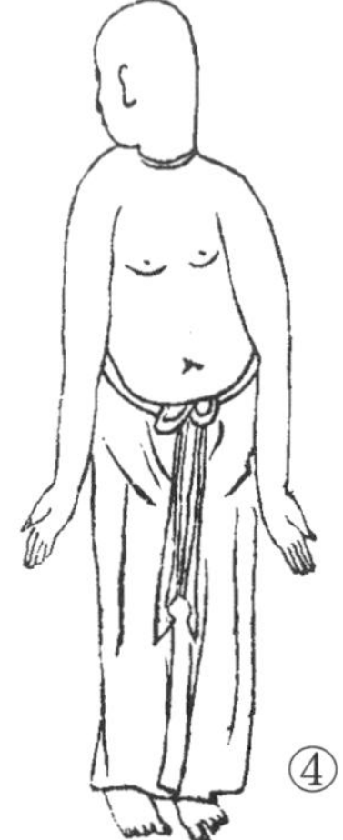

④

搖頭擺尾去心火

⑤

背後七顛百病消

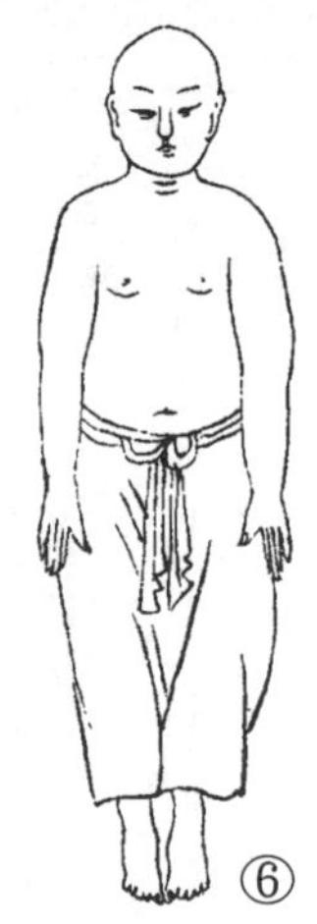

⑥

攢拳怒目增氣力

⑦

兩手攀腳固腎腰

⑧

韋馱勁十二勢圖說

韋馱獻杵第一勢

立身期正直，環拱手當胸。
氣定神皆斂，心澄貌亦恭。

韋馱獻杵第二勢

腳趾掛地，兩手平開。
心平氣靜，目瞪口呆。

韋馱獻杵第三勢

掌托天門目上觀，

韋馱獻杵第三勢

摘星換斗勢

腳尖著地立身端。
力周骸脅渾如植，
咬緊牙關不放寬。
舌可生津將腭抵，
鼻能調息覺心安。
兩拳緩緩收回處，
用力還將挾重看。

摘星換斗勢

雙手擎天掌覆頭，
更從掌內注雙眸。
鼻端吸氣頻調息，
用力收回左右侔。

倒拽九牛尾勢

出爪亮翅勢

倒拽九牛尾勢

兩髖後伸前屈，
小腹運氣空鬆。
用力在於兩膀，
觀拳須注雙瞳。

出爪亮翅勢

挺身兼怒目，
推手向當前。
用力收回處，
功須七次全。

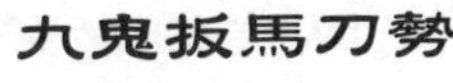

三盤落地勢

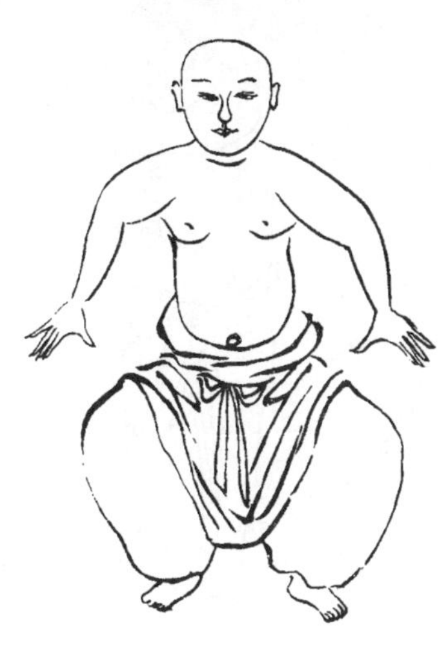

九鬼扳馬刀勢

側首彎肱，抱頂及頸。
自頭收回，弗嫌力猛。
左右相輪，身直氣靜。

三盤落地勢

上腭堅撐舌，張眸意注牙。
足開蹲似踞，手按猛如拏。
兩掌翻齊起，千斤重有加。
瞪眼兼閉口，起立腳無斜。

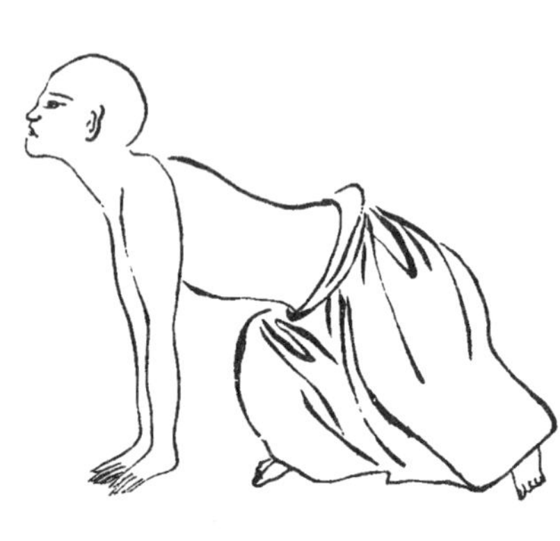

青龍探爪勢

青龍探爪，左從右出。
修士效之，掌平氣實。
力周肩背，圍收過膝。
兩目注平，息調心謐。

臥虎撲食勢

兩腳分蹲身似傾，
屈伸左右骽相更。
昂頭胸做探前勢，
偃背腰還似砥平。
鼻息調元均出入，
指尖著地賴支撐。

折躬勢

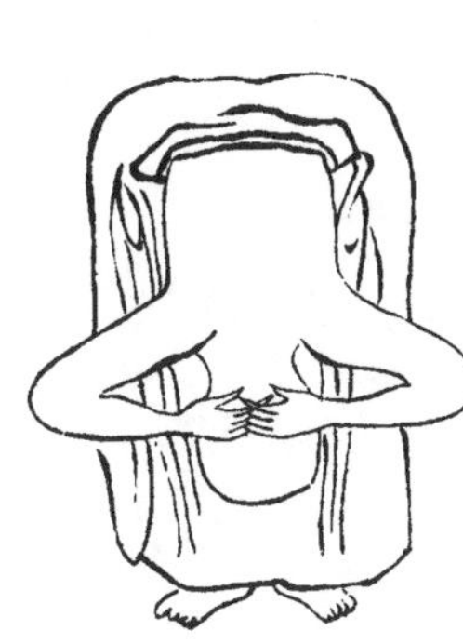

掉尾勢

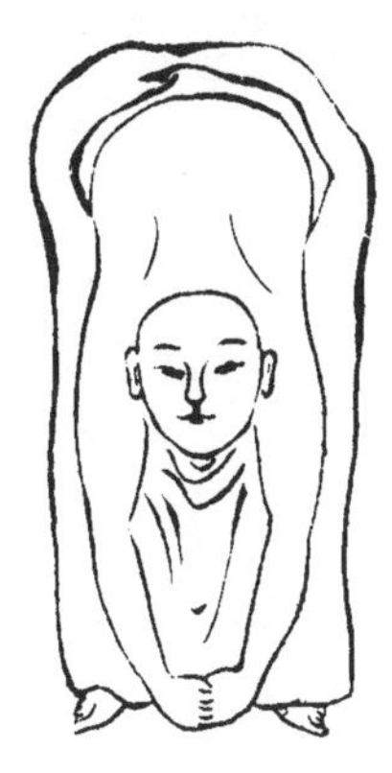

降龍伏虎神仙事，
學得真形也衛生。

折躬勢

兩手齊持腦，垂腰至膝間。
頭唯探胯下，口更齧牙關。
掩耳聰教塞，調元氣自閑。
舌尖還抵腭，力在肘雙彎。

掉尾勢

膝直膀伸，推手自地。
瞪目昂頭，凝神壹志。
起而頓足，二十一次。
左右伸肱，以七為志。

更做坐功，盤膝垂眥。
口注於心，息調於鼻。
定靜乃起，厥功維備。
總考其法，圖成十二。
誰實貽諸，五代之季。
達摩西來，傳少林寺。
有宋岳侯，更為鑒識。
卻病延年，功無與類。

坐十二段錦圖說

十二段錦總訣

閉目冥心坐，握固靜思神。叩齒三十六，兩手抱崑崙。左右鳴天鼓，二十四度聞。微擺撼天柱，赤龍攪水津。鼓漱三十六，神水滿口勻。一口分三嚥，龍行虎自奔。閉氣搓手熱，背摩後精門。盡此一口氣，想火燒臍輪。左右轆轤轉，兩腳放舒伸。叉手雙虛托，低頭攀腳頻。以候神水至，再漱再吞津。如此三度畢，神水九次吞。嚥下汩汩響，百脈自調勻。河車搬運畢，想發火燒身。舊名八段錦，子後午前行。勤行無間斷，萬病化為塵。

以上係通身合總，行之要依次序，不可缺，不可亂，先要記熟此歌，再詳看後圖及各圖詳註、各訣，自無差錯。十二圖附後。

十二段錦第一圖

閉目冥心坐，握固靜思神。

盤腿而坐，緊閉兩目，冥亡心中雜念。凡坐要豎起脊樑，腰不可軟弱，身不可倚靠。握固者，握手牢固，可以閉關卻邪也。靜思者，靜息思慮而存神也。

十二段錦第二圖

叩齒三十六，兩手抱崑崙。

上下牙齒相叩作響，宜三十六聲，叩齒以集牙內之神使不散也。

十二段錦第一圖

十二段錦第二圖

十二段錦第三圖

崑崙即頭，以相手十指相叉，抱住後頸，即用手掌緊掩耳門，暗記鼻息九次，微微呼吸，不宜有聲。

十二段錦第三圖

左右鳴天鼓，二十四度聞。

記算鼻息出入各九次畢，即放所叉之手，移兩手掌擦耳，以第二指疊在中指上，作力放下第二指，重彈腦後，要如擊鼓之聲，左右各二十四度，兩手同彈共四十八聲，仍放手握固。

十二段錦第五圖

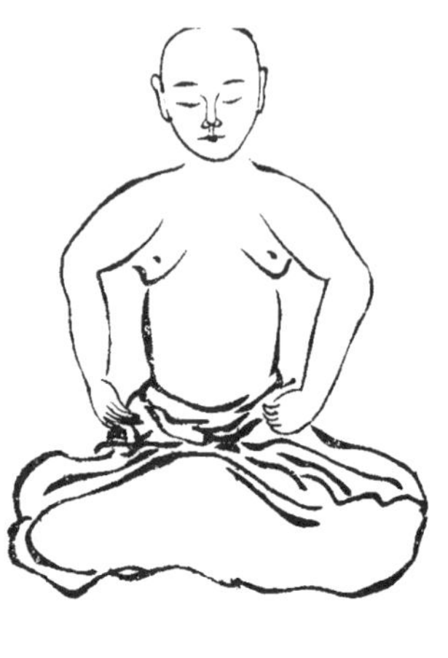

十二段錦第四圖

十二段錦第四圖

微擺撼天柱。

天柱即後頭（點校：「頭」似為「頸」字），低頭扭頸，向左右側視，肩亦隨之左右搖擺，各二十四次。

十二段錦第五圖

赤龍攪水津，鼓漱三十六，神水滿口勻，一口分三嚥，龍行虎自奔。

赤龍即舌，以舌頂上腭，又攪滿口內上下兩旁，使水津自生，鼓漱於口中三十六次。神水即津液，分作三次，要汩汩有聲吞下。心暗想，目暗看，所吞

十二段錦第六圖

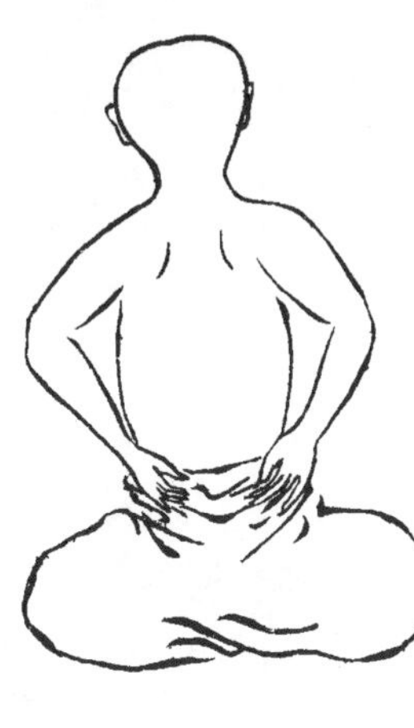

十二段錦第七圖

津液直送至臍下丹田。龍即津，虎即氣，津下去，氣自隨之。

十二段錦第六圖

閉氣搓手熱，背摩後精門。

以鼻吸氣閉之，用兩掌相搓擦極熱，急分兩手摩後腰上兩邊，一面徐徐放氣從鼻出。精門即後腰兩邊軟處，以兩手摩二十六遍，仍收手握固。

十二段錦第七圖

盡此一口氣，想火燒臍輪。

閉口鼻之氣，以心暗想，運心頭之火，下燒丹田，覺似有熱，仍放氣從

十二段錦第八圖

十二段錦第九圖

鼻出。臍輪即臍丹田。

十二段錦第八圖

左右轆轤轉。

屈彎兩手，先以左手連肩圓轉三十六次，如絞車一般。右手亦如之。此單轉轆轤法。

十二段錦第九圖

兩腳放舒伸，叉手雙虛托。

放所盤兩腳，平伸向前。兩手指相叉，反掌向上，先安所叉之手於頭頂，作力上托，要如重石在手托上，腰身俱著力上聳。手托上一次，又放

十二段錦第十一圖

十二段錦第十圖

下，安手頭頂，又托上。共九次。

十二段錦第十圖

低頭攀足頻。

以兩手向所伸兩腳底作力扳之，頭低如禮拜狀十二次，仍收腳盤坐，收手握固。

十二段錦第十一圖

以候神水至，再漱再吞津。如此三度畢，神水九次吞。嚥下汩汩響，百脈自調勻。

再用舌攪口內，以候神水滿口，再鼓漱三十六，連前一度，此再兩度，共三度畢，前一度作三次吞，此兩度作六次吞，共九次吞，如前嚥下，要汩汩響聲，咽津三度，百脈自周遍調勻。

十二段錦第十二圖

河車搬運畢，想發火燒身。舊名八段錦，子後午前行。勤行無間斷，萬疾化為塵。

心想臍下丹田中，似有熱氣如火，閉氣如忍大便狀，將熱氣運至穀道，即大便處，升上腰間、背脊、後頸、腦後、頭頂上，又閉氣從額上兩太陽、耳根前、兩面頰，降至喉下、心窩、肚臍、下丹田止，想是發火燒，通身皆熱。

十二段錦第十二圖

揉腹九沖圖說

揉腹運功

佛傳揉腹法亦運功也，然此九沖按摩圖略有變化，習內功者多採之，常用之。若內功已得，不假外運，唯積氣時宜兼用。亦遇有病時，即患處如法運之，最神妙。

又用按摩揉腹法，先運後臥、先臥後運俱可。但運前睡法與運後睡法，總須於前臥身圖中擇一勢睡之，方保無患。

卻病延年法揉揉按摩圖

第一圖　以兩手中三指按心窩，由左順揉團轉二十一次。

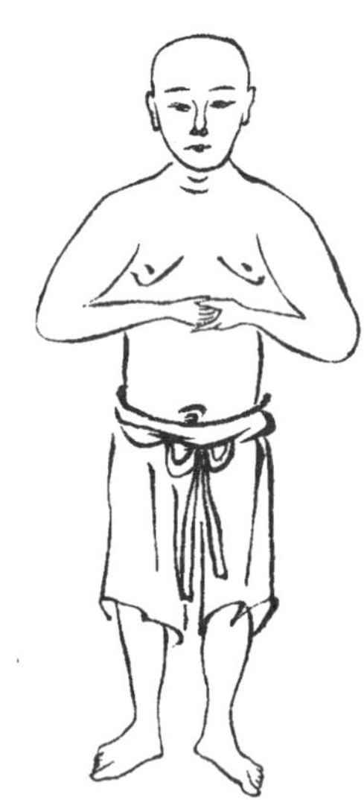
第一圖

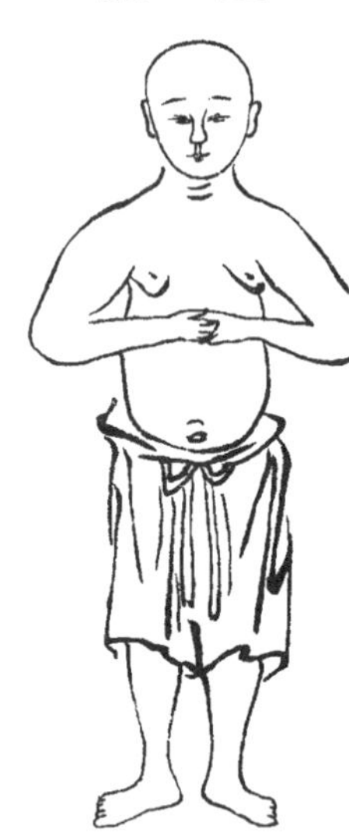
第二圖

第二圖　以兩手中三指，由心窩順揉而下，且揉且走，揉至臍下高骨為度。

第三圖　以兩手中三指，由高骨處向兩邊分揉而上，且揉且走，揉至心窩，兩手交接為度。

第四圖　以兩手中三指，由心窩向下直推至高骨二十一次。

第五圖　以右手由左繞摩臍腹二十一次。

第六圖　以左手由右繞摩臍腹二十一次。

第三圖

第四圖

第五圖

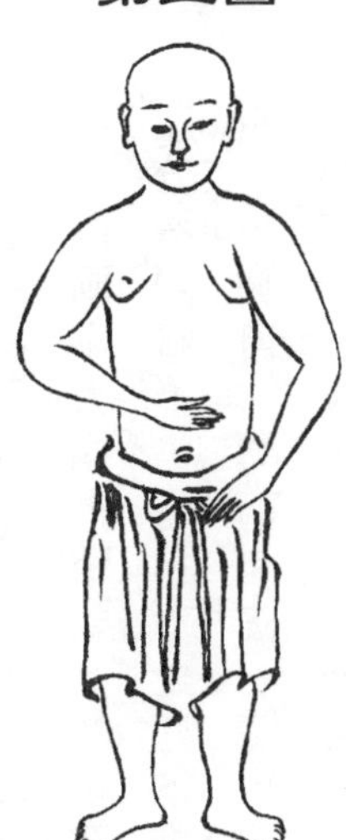

第六圖

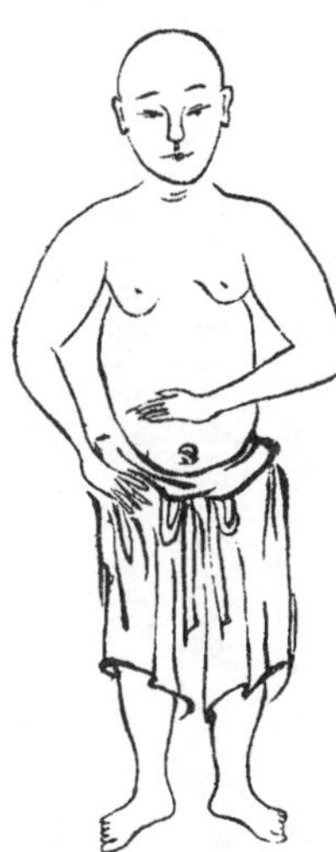

第七圖

第八圖

第七圖　以左手將左邊軟脇下腰腎處，大指向前，四指托後，輕捏定，用右手中三指，自左乳下直推至腿夾二十一次。

第八圖　以右手將右邊軟脅下腰腎處，大指向前，四指托後，輕捏定，用左手中三指，自右乳下直推至腿夾二十一次。

第九圖　沖操摩畢，遂趺坐，以兩手大指押膝旁，四指拳屈分按兩膝上，兩腳十趾亦稍鉤屈，將胸自左轉前，由右歸後，搖轉二十一次畢，又照前自右搖轉二十一次。

前法如搖身向左，即將胸肩搖出左膝前，向即搖伏膝上向右，即搖出右膝，向後即弓腰後撤，總不以搖轉滿足為妙。不可急搖，休使著力。

凡操腹時，須凝神靜慮，於矮枕平席正身仰臥，齊腳屈指，輕揉緩動，將八圖挨次做完為一席。每逢做時，連做七度畢，遂起坐搖轉二十一次。照此清晨睡醒時做為早課，午申做為午課，晚間臨睡時做為晚課。日三課為常，倘遇有事，早晚兩課，必不可少。初做時一課二度，三日後一課五度，再三日後一課七度，無論男婦皆宜，唯孕者忌之。

第九圖

全圖說

全圖則理備，化生之微更易見也。天地本乎陰陽，陰陽主乎動靜，人身一陰陽也。陰陽一動靜也，動靜合宜，氣血和暢，百病不生，乃得盡其天年。如為情欲所牽，永違動靜。過動傷陰，陽必偏勝；過靜傷陽，陰必偏勝。且陰傷陽無所成，陽亦傷也；陽傷而陰無所生，陰亦傷也。既傷矣，生生變化之機已塞，非用法以導之，則生化之源無由啟也。運定之法，以動化靜，以靜運動，合乎陰陽，順乎五行，發其生機，神其變化，故能通和上下，分經陰陽，去舊生新，充實五臟，驅外感之諸邪，消內生之百病。補不足，瀉有餘，消長之道，妙應無竅，無須藉燒家藥，自有卻病延年之實效耳。

卷六

第十七卷

易筋洗髓分行外功集成

易筋洗髓分行外功彙纂序

原夫人之生死，病之輕重，必先視元氣之存亡。所謂元氣者何？五臟之真精，即元氣之分體也。而究其本原，《道經》所謂丹田，《難經》所謂命門，《內經》所謂七節之旁有小心，陰陽開闢存乎此，呼吸出入繫乎此，無火而能百體皆溫，無水而能令五臟皆潤，此中一線未絕，則生氣一線未亡，胥賴乎此。人之臟腑、經絡、血氣、肌肉，一有不通，外邪干之則病。古仙人創為按摩導引等法，所以利關節，和血氣，使速去邪，邪去而正自復，正復而病自癒。平日尤重存想乎丹田，欲使本身自有之水火得以相濟，則神旺氣足，邪不敢侵。與其待病痛臨身，呻吟求治，莫若常習片刻之功，以防後來之苦。雖壽命各有定數，而體氣常獲康強於平時矣。茲編摘取內功圖法，參之醫經各集而略為增刪，凡於五官四體，各有所宜，按摩導引列為分行外功，任人擇取行之。俾得照依次序，遍及周身經法，盡人可行，隨時可作，功簡而賅，效神而速。不須侈談高遠，而卻病延年，實皆信而有徵，即十二圖中所載工夫，與老子、赤松子、鍾離子所載節目，胥不外此，誠能日行一二次，無不身體輕健，百病皆除，久之翔洽太和，共登壽域，不甚善乎。爰泚筆而為之記。

分行外功訣（此為不能行持內功者言）

心功

——凡行功時，先必冥心息思慮，絕情欲，以固守神氣。

身功

——盤腳坐時，宜以一腳跟抵住腎囊根下，令精氣無漏。

——垂腳平坐，膝不可低，腎子不可著在所坐處（凡言平坐、高坐，皆坐於榻椅上）。

——凡行功畢，起身宜緩緩舒放手腳，不可急起。

——凡坐宜平直，其身豎起，脊樑不可東倚西靠。

首功

——兩手掩耳，即以第二指壓中指上，用第二指彈腦後兩骨作響聲，謂之「鳴天鼓」（卻風池邪氣）。

——兩手扭項，左右反顧，肩膊隨轉二十四次（除脾胃積邪）。

——兩手相交抱項後，面仰視，使手與項爭力（去肩痛、目昏。爭力者手著向前，項即著力向後）。

面功

——用兩手相摩使熱，隨向面上高低處揩之，皆要週到。再以口中津唾於掌中擦熱，揩面多次（凡用兩手摩熱時，宜閉口鼻氣。摩之能令皺斑不生，顏色光明）。

耳功

——耳宜按仰，左右多數。謂以兩手按兩耳輪，一上一下摩擦之（所謂營治城郭，使人聽徹）。

——平坐，伸一腳，屈一腳；橫伸兩手，直豎兩掌，向前若推門狀；扭頸項左右各顧七次（除耳鳴）。

目功

——每睡醒，且勿開目，用兩大指背相合擦熱揩目十四次；仍閉住，暗輪轉眼珠，左右七次。緊閉少時忽大睜開（能保煉神光，永無目疾；一用大指背向掌心擦熱亦可）。

——用大指背曲骨重按兩眉旁小穴三九二十七遍；又以手摩兩目顴上及旋轉耳行三十遍；又以手逆乘額，從兩眉間始，以入腦後髮際中二十七遍，仍須嚥液無數（治目耳，能清明）。

——用手按目之近鼻兩眥（即眼角），閉氣按之，氣通即止（常行之能洞觀）。

——跪坐以兩手據地，回頭用力視後面五次，謂之虎視（除胸臆風邪，亦去腎邪，「地」一作「床」）。

口功

——凡行功時必須閉口。

——口中焦乾、口苦、舌澀、嚥下無津或吞唾喉痛、不能進食，乃熱也，宜大張口呵氣十數次、鳴天鼓九次，以舌攪口內嚥津，復呵復嚥，候口中清水生，即熱退臟涼。又或口中津液冷淡無味，心中汪汪，乃冷也，宜吹氣溫之，候口有味，即冷退臟暖。

——每早口中微微呵出濁氣，隨以鼻吸清氣嚥之。

——凡睡時宜閉口，便真元不出，邪氣不入。

舌功

——舌抵上腭，津液自生，再攪滿口鼓漱三十六次，作三口吞之，要汩汩有聲在喉（謂之漱嚥灌溉，五臟可常行之）。

齒功

——叩齒三十六遍以集心神。

——凡小便時閉口緊咬牙（除齒病）。

鼻功

——兩手大指背擦熱揩鼻三十六次（能潤肺）。

——視鼻端默數出入息。

——每晚覆身臥，暫去枕，從膝彎反豎兩腳向上，以鼻吸納清氣四次，又以鼻出氣四次，氣出極力後，令微氣再入鼻中收納（能除身熱背痛）。

手功

——兩手相交，虛空托天，按頂二十四次（除胸膈邪）。

——兩手一直伸向前，一曲迴向後，如挽五石弓狀（除臂腋邪），兩手相捉為拳，捶臂膊及腰腿又反手捶背上各三十六次（去四肢、胸臆邪）。

——兩手握固，屈肘向後擊掣七次，頭隨手向左右扭（治身上火、丹疙瘩）。

——兩手作拳，用力左右虛攻七次（除心胸、風邪）。

腳功

——正坐伸腳低頭如禮拜狀。以兩手用力攀腳心十二次（去心包絡邪）。

——高坐垂腳，將兩腳跟相對扭向外，復將兩腳尖相對扭向內，各二十四遍（除兩腳風邪）。

——盤坐，以一手捉腳趾，以一手揩腳心湧泉穴（濕風皆從此出），至熱止後，以腳趾略動數次（除濕熱健步）。

——兩手向後據床，跪坐一腳，將一腳用力伸縮各七次，左右交換（治股膝腫）。

——徐行，手握固。左腳前踏，左手擺向前，右手擺向後；右腳前踏，手右前左後（除兩肩邪）。

肩功

——兩肩連手，左右輪轉為轉轆轤，各二十四次（先左轉，後右轉，曰單轆轤；左右同轉曰雙轆轤）。

——調息神思，以左手擦臍十四遍，右手亦然。復以兩手如數擦脇，連肩擺搖七次，嚥氣納於丹田，握固兩手，復屈腳側臥（能免夢遺）。

背功

——兩手據床，縮身屈背拱脊，向上十三舉（除心肝邪）。

腹功

——兩手摩腹，移行百步（除食滯）。

——閉息存想丹田，火自下而上，遍燒其體。

腰功

——兩手握固，拄兩脇肋，擺搖兩肩二十四次（除腰肋痛並去風邪）。

——兩手擦熱，以鼻呼清氣，徐徐從鼻放出。用兩熱手擦精門（即背下腰軟處）。

腎功

——用兩手兜裹外腎兩子；一手擦下丹田，左右換手，各八十一遍，訣云：一擦一兜，左右換手。九九之數，其陽不走。

——臨睡時，坐於床，垂腳，解衣，閉息，舌抵上腭，目視頂門，提縮穀道，如忍大便狀，兩手摩擦兩腎腧穴各一百二十次（能生精固陽，除腰痛稀小便）。

以上分列各條，隨人何處有患，即擇何條行之，或預防無患之先者，亦隨人擇取焉。大抵世人以經營職業者，既不暇行；倚恃壯盛者，又不肯行，直至體氣衰憊，終不及行，為可惜也。

調和氣息導引逆流二訣三則

前列按摩導引之，既行之於外矣，血脈俱已流暢，肢體無不堅強，再能調和氣息，運而使之降於氣海，升於泥丸，則氣和而神靜，水火有既濟之功，方是全修真養。其他玄門服氣之術，非有真傳口授，反無益而有損。今擇其無損有益之調息及黃河逆流二訣，隨時隨地可行以助內功，附錄於後。此為分行外功者，指出內功，知所選擇。其實已備十二圖中，每日於暇時，不必拘定子午，擇一片刻之間，使心靜神閑，盤腳坐定，寬解衣帶，平直其身，兩手握固，閉目合口，精專一念，兩目內視，叩齒三十六聲，以舌抵上腭，待津生時，鼓漱滿口，汩汩嚥下，以目內視，直送至臍下一寸二分丹田之中，大有裨益於身心。然貴有恆，日必此時。

再以心想，目視丹田之中，彷彿如有熱氣，輕輕如忍大便之狀，將熱氣運至尾閭，從尾閭升至腎關，從夾脊雙關升至天柱，從玉枕升泥丸。少停，即以舌抵上腭，復從神庭降下鵲橋、重樓、降（點校：「降」當為「絳」）宮、臍輪、氣穴、丹田更妙，久行亦能入勝。

按古仙有言曰：夾脊雙關透頂門，修行徑路此為尊。以其上通天谷，下達尾閭，要識得此為心腎來往之路，水火既濟之鄉。欲通此竅，先要存想山根，則呼吸之氣，暫次由泥丸，通夾脊，透混元而直達於命門。蓋謂常人呼吸，皆從咽喉而下，至中腕（點校：「腕」當為「脘」）而回，若至人呼吸，由明堂而上至夾脊而流於命門，此與前說異，然咽津為自己之氣從中而出，故存想從尾閭升至泥丸，而古仙則吸天地之氣，由山根而泥丸直達命門也。故十二圖中有順逆導氣二法焉。

凡五臟受病之因、辨病之誤、免病之訣，分類條錄，俾於未病之先，知所儆懼；方病之際，知所治療。而脾胃為養生之本，當於飲食間加慎焉。

心　臟　形如未開蓮蕊，中有七孔三毛，位居背脊第五椎，各臟皆有係於心。

屬火，旺於夏四、五月，色主赤，苦味。入心外通竅於舌，出汁液為汗。在七情主憂樂，在身主血與脈。所藏者神，所惡者熱。面赤色者心熱也，好食苦者心不足也，怔忡善忘者心虛也。心有病舌焦苦，喉不知五味，無故煩躁，口生瘡作臭，手心足心熱。

肝　臟　形如懸匏，有七葉，左三右四，位居背脊第九椎，乃背中間脊骨第九節也。

屬木，旺於春正、二月，色主青，酸味入肝。外通竅於目，出汁液為淚。在七情主怒，在身主筋與爪。所統者血，所藏者魂，所惡者風。肝有病眼生蒙翳，兩眼角赤癢，流冷淚，眼下青轉筋，昏睡善恐，如人將捕之。面色青者肝盛也，好食酸者肝不足也，多怯者肝虛也，多怒者肝實也。

脾臟　形如鐮刀附於胃，運動磨消胃內之水穀

屬土，旺於四季月，色主黃，甘味入脾。外通竅於口，出汁液為涎。在七情主思慮，在身主肌肉。所藏者志，所惡者濕。面色黃者脾弱也，好食甜者脾不足也，脾有病口淡不思食，多涎，肌肉消瘦。

肺臟　形如懸磬，六葉兩耳共八葉，上有氣管，通至喉間，位居極上，附背脊第三椎，為五臟華蓋。

屬金，旺於秋七、八月，色主白，辛味入肺。外通竅於鼻，出汁液為涕。在七情主喜，在身主皮毛。所統者氣，所藏者魄，所惡者寒。面色淡白無血色者肺枯也，右頰赤者肺熱也，氣短者肺虛也，背有畏寒者肺有邪也。肺有病咳嗽氣逆，鼻塞不知香臭，多流清涕，皮膚燥癢。

腎臟　形如刀豆，有兩枚，一左一右，中為命門，乃男子藏精、女子繫胞處也，位居下背脊第十四椎，對臍附腰。

屬水，旺於冬十、十一月，色主黑，鹹味入腎。外通竅於耳，出汁液為津唾。在七情主慾，在身主骨與齒。所藏者精，所惡者燥，面色黑悴者腎竭也，齒動而痛者腎炎也，耳閉耳鳴者腎虛也，目睛內瞳子昏者腎虧也，陽事痿而不舉者腎弱也。腎有病腰中痛，膝冷腳痛或痺，蹲起發昏，體重骨酸，臍下動風牽痛，腰低屈難伸。

氣血說

休寧汪氏曰：人身之所恃以生者，此氣耳。源出中焦，總統於肺，外護於表，內行於裏，周通一身，頃刻無間，出入升降，晝夜有常，曷嘗病於人哉。及至七情交致，五志妄發，乖戾失常，清者化而為濁，行者阻而不通，表失護衛而不和，裏失營運而弗順。氣本屬陽，反勝則為火矣。人身之中，氣為衛，血為營。《經》曰：營者，水穀之精也，調和五臟，灑陳於六府，乃能入於脈也。生化於脾，總統於心臟，受於肝，宣佈於肺，施泄於腎，灌溉一身。目得之而能視，耳得之而能聽，手得之而能攝，掌得之而能握，足得之而能步，臟得之而能液，腑得之而能氣。出入升降，濡潤宣通，靡不由此也。飲食日滋，故能陽生陰長，取汁變化，而赤為血也。注之於脈，充則實，少即澀，生旺則六經恃此長養，衰竭則百脈由此空虛。血盛則形盛，血弱則形衰，血者難成而易虧，可不善養乎！

卻病延年歌

餓來餐，倦來覺。醒即起，食莫飽。腥膻濁，菜蔬好。無嗜好，無煩惱。慾宜節，酒宜少。性無拘，顏不老。長生法，悟須早。

神仙起居法

行住坐臥處，手摩脇與肚。心腹痛快時，兩手復下踞。踞之徹膀腰，背拳摩腎部。才覺力倦來，即使家人助。行人不厭煩，晝夜無窮數。歲久積功成，漸入神仙路。

釋門如字訣

行如風，立如松，坐如鐘，臥如弓。

吐納解

氣由鼻出謂之吐，氣由鼻入謂之納，吐唯細細，納唯綿綿。

呼吸解

下而擊之謂之吸，逆而行之謂之呼。吸應於底，呼應於頂（下擊者，氣由正面降而下擊也；逆行者，氣由背面逆而上沖也。凡用呼吸，無論行住坐臥、顛倒順逆，皆須使底對乎巔，其氣始便於轉環）。

卷六

末卷 增演易筋洗髓內功圖說

翻譯音釋

增演易筋洗髓內功圖說翻譯音釋例言

——是編翻譯悉本釋門經論錄三藏之書，間有用佛經注說者，亦必取其與本義相合，並未杜撰一字、億（點校：「億」通「臆」）斷一說，萬不敢望文生義或向壁虛造、魯莽滅裂，以自欺欺人，貽笑大方。

——是編音釋為本書本字、本音、本義而設，有兼採別讀、別義者，蓋取其與本字音義有關，會有發明、有引伸、有注射、有佐據也，無一泛設。其與本書本字、本音、本義不相侔者，毫末攬入。

謹遵釋典翻譯本書梵語文義

佛：佛，覺也。西方之聖人，自覺，覺他，普度眾生者。

須菩提：須菩提，華言空生，又善吉、善現。

少水魚：是日已過，命亦隨滅，如少水魚，斯有何樂？大眾當勤如救頭然，但念無常，慎勿放逸。此晚課儆策語也。

兩足：福足、慧足，福謂天人福報，慧謂大圓鏡智。

四恩：天地造化恩、父母生育恩、君王水土恩、師長訓導恩。

四緣：飲食、衣服、臥具、醫藥。

四智：大圓說智、平等性智、妙觀察智、成所足智。

三身：清靜法身、圓滿報身、百千億化身。

四生：胎生、卵生、濕生、化生。

三有：欲有、色有、無色有。

六根：耳、眼、鼻、舌、身、意。

六塵：色、聲、香、味、觸、法。

三途：地獄、餓鬼、畜生。

六道：仙道、佛道、人道、鬼道、地獄道、畜生道。

二諦：真諦、俗諦（謂世俗語言、資生、事業、順正法）。

六度：佈施、持戒、精進、忍辱、禪定、智慧。

四大有三：地水火風、天地水火、水火土氣。

涅槃：涅而不生，槃用而不滅。又曰：諸佛不出世，亦無有涅槃。

也。

天人阿修羅：謂修造人天無疆之樂也。一曰富樂同天而無天行

道眼眉毛：偷心死盡眉毛落（伐毛之謂也），道眼精明鼻孔穿（任督通關河車，洗髓之謂也）。

見離：見見之時，見非是見；見猶離見，見不能及。

無明：知見立知，即無明本；知見離見，即無漏涅槃。

蝸角蟭眼：蝸牛角上三千界，蟭螟眼內須彌山。

苦海：苦海無邊，回頭是岸。

惡厲緊避：八風之邪謂之虛，皆當謹避。

渡河到岸：渡河須用筏，到岸不須船。

生死去來：本無生死，實沒去來；脫體風流，縱橫自在。

默觀法界：山河天眼裏，世界法身中。

只履獨步　東遊西歸：達摩不東來，五祖不西天。

達摩：梵語達摩，華言法空。不立一法，不捨一法，言事理渾化無邊也。

採引訓詁注釋本書字義音讀

攣：《唐韻》呂員切；《集韻》、《韻會》、《正韻》閭員切，𠀤戀平聲。《說文》：係也，凡拘牽連繫者皆曰攣；《易・中孚》：有孚攣如；《疏》：相牽繫不絕之名也；《前漢・鄒陽傳》：越攣拘之語，馳域外之議；《韓愈・元和聖德詩》：解脫攣索。又《集韻》、《韻會》、《正韻》𠀤龍眷切，音戀。手足屈病也；《史記・蔡澤傳》：魋鼽膝攣；裴駰注：「攣」，兩膝屈也。

痿：《唐韻》、《集韻》、《韻會》《正韻》𠀤儒佳切，音甤。《說文》：痹疾；《正韻》：濕病，一曰兩腳不能相及；《內經》：陽明虛則宗筋縱，帶脈不引，故腳痿。當各補其營，通其俞，調其虛實，和其逆順，筋脈骨肉各以其時受月，則病已；《史記・五宗世家》：端，為人賊戾，又陰痿。註：《正義》曰：不能御婦人；又《集韻》：鄔賄切，音猥，㾯㾽風病，或作痿。

碍：《正字通》：俗「礙」字。

搏：《唐韻》補各切；《集韻》、《韻會》、《正韻》伯各切，𠀤音博。《說文》：索持也。

絆：《廣韻》、《集韻》、《韻會》、《正韻》𠀤博慢切，音半。《說文》：馬縶也；《玉篇》：羈絆也；《增韻》：繫腳曰絆絡首曰羈

抹：《唐韻》莫撥切；《集韻》、《韻會》、《正韻》莫曷切，夶音末。《廣韻》：摩也；《字林》：抹殺，滅也；《增韻》：塗抹也，亂曰塗，長曰抹。

疿：《廣韻》方味切，《集韻》方未切，夶音沸。《玉篇》：熱生小瘡；《集韻》：熱瘍也；《黃帝・素問》：汁汗出見濕乃生痤疿；《正宗字通》：今俗以觸熱膚疹如沸者曰疿子。

跏：《廣韻》古牙切；《集韻》、《韻會》居牙切，夶音嘉，跏趺坐也。《玉篇》：結跏坐；《類篇》：屈曲坐也。

繙：《廣韻》附袁切；《集韻》符員切，夶音煩。《說文》：寬也。又《集韻》蒲官切，音槃，義同。又《廣韻》浮袁切，《集韻》、

《韻會》孚員切，《正韻》符艱切，𠀤音翻。《類編（點校：「篇」字之誤）》繽翻風吹旗也；《莊子・天道篇》：繙十二經以說老聃。今俗書通作「翻」。

蝸角：《唐韻》、《韻會》、《正韻》𠀤古華切，音瓜。《說文》：蝸嬴也。《爾雅・釋蟲》蚹嬴螔蝓，注即蝸牛也。《疏》按：《本草》陶注云：生山中及人家，頭形似蛞蝓，但背負殼耳。《古今注》：蝸牛陵螺也，殼如小螺，熱則自懸葉下。野人結圓舍如蝸牛之殼，故曰蝸舍。蝸殼宛轉有文章；《莊子・則陽篇》：有國於蝸牛之左角者曰觸氏，有國於蝸牛之右角者曰蠻氏，言其地至小也。

蟭眼：《唐韻》即消切，《集韻》茲消切，𠀤音焦。《列子・殷湯篇》：江浦之間，生麼蟲，其名曰蟭螟，群飛而集，於蚊睫與螒蟭、蜈螣有異，言其明至微也。

慢：《廣韻》謨宴切，《集韻》、《正韻》莫宴切，《韻會》莫綰切，玐音縵。《說文》：惰也，從心，曼聲；一曰不畏也。《廣韻》：怠也，倨也，緩也。《朱子》曰：慢，放肆也。又《集韻》謨官切，音瞞，惑也，亦作漫。

鉅：《唐韻》具呂切，《集韻》、《韻會》、《正韻》留許切，玐音巨。《說文》：大剛也，從金，巨聲。《商子•論兵篇》：宛如鉅鐵；《史記•禮書》：宛之 鐵；註：徐廣曰大剛曰鉅；正義：曰鉅，剛鐵也；又大也，同巨。《史記•禮書》：宜鉅者鉅，宜小者小。又《韻會》：鉤鉅。潘岳《西征賦》：弛青鯤於網鉅，註：鉅，鉤也。又同詎。《戰國策》：臣以為王鉅速忘矣。註：鉅，詎通。又與遽同。

《荀子・正論篇》：是豈鉅知見侮之為不辱哉。

掙：《集韻》初耕切，音鎗。《博雅》刺也。又《字彙》側迸切，音諍。《中原雅音》：掙，挫也。

蟪蛄：蟪，《唐韻》胡桂切，音惠；蛄，《唐韻》古胡切。《韻會》、《正韻》攻乎切，𠀤音胍。《說文》：螻蛄也。《揚子方言》：螻蛭謂之螻蛄。《本草》：一名天螻，一名仙蛄，穴土而居，有短翅，四足，雄者善鳴而飛，雌者腹大羽小，不善飛翔。吸風食土，喜就燈光。《莊子・逍遙遊》蟪蛄不知春秋。注：春生者夏死，夏生者秋死，故不知春秋。

撒：《集韻》、《韻會》並桑葛切，音薩，散之也；一曰放也。

《正字通》：今俗云撒手、撒潑，皆用撒。又《六書故》：本作撒，山戛切，音煞，擲也。

拌：《唐韻》普官切。《集韻》、《韻會》、《正韻》鋪官切，𠀤音潘。《博雅》：揮棄也。《揚子方言》：楚人凡揮棄物，謂之拌，俗誤作棄。又《集韻》蒲官切，音盤；又普伴切，潘，上聲。又《唐韻》蒲旱切、《集韻》部滿切，𠀤盤，上聲。又《集韻》、《韻會》𠀤普半切，音判，義𠀤同，又與判通，分也，割也。《史記·龜策傳》鑴石拌蚌。注：鑴石取玉，拌蚌取珠。

拉：《唐韻》盧合切，《集韻》、《韻會》、《正韻》落合切，𠀤音菈，讀與臘近。《說文》：摧也。《廣韻》：折也。

揪：同揫。《正字通》、《字彙》音酒，平聲。手揪也。《增韻》：斂也。《說文》束也。《爾雅・釋詁》：聚也。

擰：《字彙補》泥耕切，音擰，搶擰亂也。

閘：《唐韻》烏甲切。《集韻》乙甲切，𠀤音押。《說文》開閉門也。

搥：《唐韻》、《集韻》、《韻會》、《正韻》𠀤都回切，音堆。《廣韻》：擿也。《增韻》：擲也。又《正韻》直追切，音椎，擊也。別作槌，又與捶通。

擣：《韻會》覩老切，《正韻》都皓切，𠀤同擣。

搓：《唐韻》七何切。《集韻》、《韻會》、《正韻》君何切，𠀤音蹉，搓挪也。又初皆切，音差，推擊也。

扢：《唐韻》、《集韻》、《韻會》𠀤古忽切，音骨，摩也。又《廣韻》、《集韻》𠀤居乙切，音訖，擊也。又《集韻》許訖切，音汔，奮舞貌；又魚乞切，音屹，義同；又九傑切，音紇，扳引也。

掇：《唐韻》、《韻會》、《集韻》、《正韻》𠀤都括切，音剟。《說文》：拾取也。《增韻》：採也。又與輟同義、同音。

觩：《廣韻》、《集韻》𠀤力求切，音劉，角不正也。又觩醪角貌。

齦：《唐韻》康很切。《集韻》、《韻會》、《正韻》口很切，𠀤音懇。《說文》：齧也。《揚子太玄經》：琢齒依齦。《韻會》：齒根肉。

顖：《集韻》囟，古作顖，《廣韻》息晉切、《集韻》思晉切，𠀤音信。《說文》頭會腦蓋也。象形。《魏校》曰：頂門也。子在母胎，諸竅尚閉，唯臍內氣，囟為之通氣，骨獨未合。既生，則竅開，口鼻內氣，尾閭為之洩氣，囟乃漸合，陰陽升降之道也。方書：頂中央旋毛中為百會，前一寸半為前頂，百會前三寸即囟門，即顖會也。

瘂：《廣韻》烏下切，《集韻》、《正韻》倚下切，𠀤音瘂，啞同聲。《玉篇》：瘖瘂也，義亦通啞。又方書：人身項後入髮際五分為瘂門。

缺盆：缺盆，人乳房上骨名。《史記·倉公傳》：疽髮乳上入缺盆。

椎：《唐韻》直追切，《集韻》傳追切，𡘯音鎚，又與椎音同義通。《說文》：出頟也。《廣韻》項傾。

骶：《廣韻》都計切，《集韻》丁計切，𡘯音帝。《博雅》：背謂之骶。又《玉篇》：臀也。又《集韻》：典禮切，音邸，義同。

尻：《廣韻》、《集韻》、《韻會》𡘯丘刀切考，平聲。《說文》脽也，從屍，九聲。《玉篇》：髖也。《增韻》：脊骨盡處。

《禮・內則》：兔去尻。

琰：《唐韻》、《韻會》丛以冉切，音談。《說文》壁（點校：當為「璧」字）上起美色也。從玉，火炎，意兼聲。《廣韻》：玉名。《韻會》：琰之言炎也，光炎起也。又人名。

鎚：《廣韻》、《正韻》直追切，《集韻》、《韻會》傳追切，丛音椎。《玉篇》：鐵鎚也。《廣韻》：金鎚。《抱朴子・仙藥卷》：以鐵鎚鍛其數千下。又《廣韻》：權也。《正韻》：與錘同。又《廣韻》、《集韻》、《韻會》丛都回切，音磓。《廣韻》：治玉。《集韻》：鍛也。又《廣韻》：直類切，《集韻》馳偽切，丛音墜，好銅半熟也。

膁：《集韻》離監切，音廉。《玉篇》：穴膁也。《集韻》：脛膁也。

髀：《唐韻》並弭切，《集韻》、《韻會》補弭切，《正韻》補委切，𠀤音俾。《說文》：股也。《釋名》：髀，卑也，在下稱也。《禮・三年問》：帶下毋厭髀。

䆗：《五音篇海》同谾。谾，右巃字。《廣韻》呼東切，《集韻》呼公切，𠀤音烘字，林谷空貌。又《廣韻》盧東切，音籠，山深貌。《史記・司馬相如傳》：深山之谾谾。師古注：深通貌。又《廣韻》許江切，《集韻》虛江切，𠀤音肛，空谷貌。又《集韻》枯江切，音腔，山谷深貌。

拇：《廣韻》、《集韻》、《韻會》、《正韻》莫厚切，《玉篇》莫口切，𠀤音某。《說文》：將指也。《易・咸卦》：咸其拇。《疏》：足大指也。《莊子・駢拇篇》：駢拇枝指出乎性哉。注：駢拇，足拇趾連二趾也。又《正韻》莫補切，音姥，義同《廣韻》或作踇。

蛆：《唐韻》子魚切，《韻會》、《正韻》子餘切，𠀤音苴。《類篇》：蝍蛆。《爾雅・釋蟲》：蒺藜蝍蛆。注：似蝗而大腹長角，能食蛇腦。《莊子・齊物論》：民食芻豢，麋鹿食薦，蝍蛆甘帶，鴟鴉耆（點校：當為「嗜」字）鼠。《廣韻》：蝍蛆食蛇，蜈蚣也。《關尹子・三極篇》：蝍蛆食蛇，蛇食蛙，蛙食蝍蛆，互相食也。千余切。又《集韻》：音疽。《說文》：蠅乳肉中蟲也。《本草》：蛆，蠅之子也，凡物敗臭則生之。《北史・甄琛傳》：曾拜官，諸賓悉集，邢巒晚至，琛謂巒：「何處放蛆來，今晚始顧？」又水蛆，《正字通》：生南方溪澗，長寸餘，黑色。又雪蛆，陰山、峨眉二山，積雪不消，生蛆大如瓠，俗呼雪蛆。

踝：《廣韻》胡瓦切，《集韻》、《韻會》、《正韻》戶瓦切，夶音跨。《說文》：足踝也。《釋名》：踝，踴也，居足兩旁，磽確然也。亦因其形，踝踝然也。《急就篇注》：踝，足之外也。《禮・深衣》：負繩及踝以應直。注：踝，跟也。

腨：《廣韻》市兗切，《集韻》豎兗切，夶音踹。《說文》：腓腸也。《廣韻》腨腸。《正字通》俗曰腳肚。《博雅》：啟腨也。又穴名，《靈樞經》：上踝五寸，別入貫腨腸穴。

膕：《廣韻》、《集韻》、《韻會》古獲切，《正韻》古柏切，𠀤音蟈。《廣韻》：屈腳中也。《集韻》：膕䏶，屈腳也。《正字通》：膝後曲節中也。《博雅》：膕，腳也。《集韻》：或作𩩲。

頄：《廣韻》巨鳩切，《集韻》、《正韻》渠尤切，𠀤音求。《玉篇》：面顴也。《廣韻》：頰間之骨。《易·夬卦》：壯於頄。又《廣韻》：渠追切，《集韻》、《韻會》渠龜切，《正韻》渠為切，𠀤音逵，義同。又《集韻》居逵切，音龜，𩪘骨也。

胛：《廣韻》、《集韻》、《韻會》𠀤古狎切，音甲。《廣韻》背胛。《集韻》一曰闔也，與胸脇相會闔。《正字通》俗謂肩甲。《後漢·張宗傳》中矛貫胛。注：背上兩髆間也。

臑：《唐韻》那到切，音眺。《說文》：臂，羊矢也。徐曰：按《史記》，龜前臑骨，帶之入山林不迷。蓋骨形象羊矢，因名之。《廣韻》：臂節。《韻會》：肩腳也。《集韻》：肱骨也。

跗：《廣韻》甫無切，《集韻》、《韻會》風無切，𠀤音膚，足趾也。《玉篇》：足上也。《儀禮・士喪禮》乃屨基結於跗連絇。注：跗，足上也。《疏》：跗，腳背也。《莊子・秋水篇》：蹶泥則沒腳滅跗。又《廣韻》、《集韻》、《韻會》𠀤符退切，音附，義同。

髃：《廣韻》遇俱切，《集韻》、《韻會》元俱切，𠀤音虞，與腢同。《說文》：肩前也。《詩・小雅・大庖不盈傳》：自左膘而射之，達於右髃，為上殺。《釋文》：腢本亦作髃，謂肩前兩間骨。又讀偶，讀嵬，讀峴，義、𠀤同。

跟：《廣韻》、《集韻》、《韻會》、《正韻》𠀤古痕切，音根。《說文》：腳踵也。或從止作𣥷。《釋名》：腳後曰跟，在下旁著地，一體任之，象本根也。與根同義。

臀：《廣韻》、《集韻》《韻會》徒渾切，𠀤音屯。《說文》：髀也。

臂：《廣韻》、《集韻》、《韻會》𠀤卑義切，音襞。《說文》：手上也。《廣韻》：肱也。《增韻》：腕也。《正字通》：今謂自肩至肘曰臑，自肘至腕曰臂。

肘：《唐韻》、《集韻》陟柳切，《韻會》陟肘切，《正韻》止酉切，𠀤音帚。《說文》臂節也，從肉從寸，寸手寸口也。徐曰：寸口，手腕動脈處也。《禮·玉藻》：袂可以回肘。又《深衣》袼之高下可以運肘。《集韻》或作肕，通作疇。

腿：《廣韻》、《集韻》、《韻會》𠀤吐猥切退，上聲。《玉篇》：腿，脛也。《正字通》：脛股後肉也，俗謂股大腿，腓小腿。《集韻》：本作骽。

脅：《唐韻》虛業切，《集韻》、《韻會》迄業切，𠀤音熁。《說文》：兩膀也。《玉篇》：身左右兩膀。《廣韻》：胸肋。《增韻》：腋下也。

肋：《唐韻》盧則切，《集韻》、《韻會》、《正韻》歷德切，𠀤音勒。《說文》脅骨也。《廣韻》：脅肋。《正韻》脅幹。《釋名》

肋，勒也，檢勒五臟也。又《集韻》舉欣切，音斤，肉之力也，與筋同。

股：《唐韻》公戶切，《韻會》果五切，𠀤音古。《說文》髀也。《韻會》：脛本曰股，輔下體者。《集韻》或作𦙶作骰。

腭：《字彙》與齶同。《廣韻》五各切，《集韻》逆各切，𠀤音咢《玉篇》齒齗也。《廣韻》：同咢，口中齗齶。《字彙》：齒內上下肉也。

煉：《唐韻》、《集韻》𠀤郎甸切，音鍊。《玉篇》今亦作鍊，又與簡練、選練之練通。

鏟：《唐韻》初限切，《集韻》、《韻會》楚限切，《正韻》楚簡切，㕦音剗，《正韻》與剗同。

謐：《唐韻》彌必切，《集韻》、《韻會》、《正韻》覓畢切，㕦音蜜，《爾雅·釋詁》：靜也。《廣韻》：慎也，安也。

攪：《唐韻》、《集韻》、《韻會》、《正韻》㕦古巧切，音絞。《說文》：亂也。《增韻》：撓也。

嚥：《廣韻》於甸切，《集韻》、《韻會》、正韻伊甸切，㕦音宴。《玉篇》吞也，亦作咽。

瞪：《廣韻》直庚切，《集韻》、《韻會》、《正韻》除庚切，𠀤音根，直視也。

眥：《廣韻》在詣切，《集韻》、《韻會》、《正韻》才詣切，𠀤音劑。《說文》目厓也。《列子・湯問篇》：拭眥揚眉而望之。注：眥，目際也。《靈樞經・癲狂篇》：目眥決於面者為銳。眥在內近鼻者為內眥。注：眥者，睛外之眼角也。

轆轤：轆，《廣韻》、《集韻》、《韻會》、《正韻》𠀤盧谷切，音鹿。轤，《廣韻》落胡切，《集韻》《韻會》、《正韻》龍都切，𠀤音盧。《廣韻》：轆轤，圓轉木也。《集韻》：轉轤，井上吸水木，或作轆轤。

汩汩：《唐韻》千筆切，《集韻》、《韻會》越筆切，𠀤音旭，水流也，與𡿺同。又疾貌，《揚子方言》：汩，遙疾行也。《司馬相如・上林賦》注：宓汩，去疾也。又《王延壽・魯靈光殿賦》注：汩，淨貌。又汩越，光明貌。拂汩，鼓動貌；所謂汩汩者，言鼓動光明，導引源泉，逆流汩汩不斷也。

舟：《韻補》葉陟魚切，音朱。《道藏歌》：玉龜七寶林，唱贊願同舟。丹景曜日睛，令我心踟躇。

在：《禮韻》原許通押。又葉雌氏切，音此，善也。《詩・小雅》：不屬於毛，不離於裡，天之生我，我辰安在。又葉才里切，示上聲。屈原《離騷》：吾令豐隆乘雲兮，求宓妃之所在。解佩纕以結言兮，吾令蹇修以為理。

安：葉烏前切，音煙。《詩・大雅》：執訊連連，攸馘安安。又葉於真切，音因。蘇軾《李仲蒙哀辭》：矯矯犖犖，自貴珍兮。欺世幻俗，內弗安兮。又與焉同。《正字通》：安之於焉，猶何之於曷，音別義通。

歸：《唐韻》舉韋切，《集韻》居韋切，太音餽，還也，入也。《禮記・義》父母全，而生之子全而歸之。取還復之義也。又道家有八歸。《參同契》九還七返八歸六居。注：八歸者，天三生水，地八成汞，戊己一合，水汞之真，歸煉鼎中，故曰八歸。又《說文》：餉也，亦讀如字義同。

丹經譬喻實指錄

佛經道經各有譬喻，取譬不明，曰窮丹錄，不知所指，無從參悟，亦徒望洋興嘆爾。今將佛經道經取譬語言，於翻譯音釋後，分門別類，實指其喻之所在，以便修煉家互相參悟，一見了然，不至千人萬想，愈悟愈歧。當在佛祖道祖之日，非故為秘密也。有西竺之名如此者，有前代之名如此者，有非取譬不能明其所以然者，有必待借喻而始見與陰陽五行三才一貫者，不曲為比喻，道何能明。人不悟道，未經師友口講指授，華夷之音義莫解，古今之變易莫知，方音之異同辨，多目為荒唐妄誕之書。即有性相近者，或僅持誦或誤蹈入旁，皆不能得真正法門，又安望起大堅固、生大智慧而到無上菩提之岸哉。況禪機玄語，隱奧恒多，不切按之，罔知取義，爰舉歷代宗師口傳真訣，指明譬喻，臚列於左。

丹經譬喻名目

坎水**離**火：坎離非有形水火，乃無形水火。無形水火，藉有形水火以引之，有形水火，賴無形水火以生之。有形無形之物，得之有意無意之間。

水精**火**氣

風：水火相聚而成者，所以貫通血脈，導引流者也。與俗謂小便為水、大便為火、下部出氣為放風者不同。

土：鼻，鼻屬上形之始，生土能合陰陽，生萬物，故息調於鼻。

主人翁神

壺中日月：謂身中陰陽也，與身中日月不同。

掌上陰陽：謂握修煉之術於掌上，以升清降濁，分陰分陽也。

藥物有三：漱液、嚥津、採精華。

火候有二：有運氣火候，有定氣火候。

結胎養嬰：指神言。

雷鳴：指腹鳴言。亦有指下部出氣，言者以雷出地奮故也。

地震：指下部出氣言。

小天地：謂人一小天地。天指上身，地指下身。

三才：上泥丸下尾閭，中黃庭，合言之，身之上中下也。

河車：謂氣道如河中水車之廻環也。

轆轤：謂氣之上下順逆、縱橫變換，必借樞紐如吸水之有轆轤也。轆轤者，繫汲水器而為之轉環也。

爐火：謂氣也，有吐納之氣，有呼吸之氣。有吐納多而呼吸少者，有吐納少而呼吸多者；有微吸緩呼者，有大吸長呼者，上下順逆，縱橫變換，確有無增無減、不疾不徐時候，故又名火候。

三分文火七分武火：謂呼吸之間，十分工夫，七分緊，三分鬆。又有謂心血能生神，武火也；腎精能生氣，文火也。又有以立基之功計之，謂前七十日武火，後三十日文火。

外鼎爐：首腹。

內鼎爐：泥丸、丹田。

前三關：泥丸、重樓、黃庭。

後三關：尾閭、夾脊、玉枕。

上鵲橋：印堂內面通鼻竅之處。

下鵲橋：魄門之盡處。

二渡：上下鵲橋之總名，以其俱屬漏地也。

天河玄溝關渡：皆氣道總名，以其藥不易行，故喻之。其實是身中生成之道路耳。

統言三關：是以煉精化氣為關初，煉氣化神為中關，煉神還虛為上關。

三關三候：是以得藥為第一關，煉已為第一候；還丹為一關，溫養為一候；脫胎為一關，乳哺為一候。以法身之法度言之，非以色身之道路言之也。

玄牝：人身中生成道路有一竅，無以名之，強名之曰玄牝之門，乃逐日生氣之根，百脈聚會之原，陰陽交姤之所，藥發生之地。此竅一開，百脈皆開；此竅一閉，百脈皆閉。丹道自始至終不可稍離。因字樣過多，減而名之曰玄門、玄竅。以其有動有靜，故分別有內有外。氣機未動之時，名曰外玄關；氣機既動以後，名曰內玄關。其言玄關，專指氣機初動而言；其言玄牝，乃心息相依、神氣混合、氣機之將動而言。其實即一處也。不過於動靜之間，變出許多名色，分出若干作用耳。又，玄類黃屬土，在中牝為母，善養能育，曰玄牝者，謂其為結鉛生汞之處也，實即任督之會也。

鉛：精之精也，又精之結也。先天之鉛，真陰直陽；後天之鉛，精髓津液，生於性，醫核之曰腎。

汞：津液之精，即精髓之精、氣血之精、陰陽之精也。生於情，俗通謂之精。

合按之：鉛為金之精，汞為水之精，以屬土之鼻息調之。土能生精金之鉛，鉛能生精水之汞，而其中有氣運之，則木火自動，又不相尅，五行真得相生之理。配之八卦，亦各安方位，去坎中真陽，填離中真陰，自然坎離交而陰陽合矣。

龍精**虎**氣

又有謂龍汞虎鉛。又有謂龍，心中之神也；虎，腎中之氣也。以神之性屬龍，氣之用如虎也。

長生果：精之津液，津液之精。

丹：先天丹為神，後天丹為精。先天丹，魂氣所結而成也；後天丹，鉛汞所結而成也。

結胎：謂凝其神。

養嬰：謂活其神。

脫換有兩等：先脫胎換骨，後脫殼換相。

清虛有二境：先清明虛空，後清輕虛靈。

乾坤：陰陽也。又乾首坤腹也。

先後天：先天謂有身以前，後天謂有身以後。又中無形而而虛靈者為先天，身中有形而知覺者為後天。總之，先天在無始無極處，後天在元始太極時。舉凡先天之先，後天之後；先天之後，後天之先；先天中有後天，後天中有先天；由先天而後天，由後天而先天；先天非先天，先天即後天；後天非後天，後天即先天等語，皆本此推之。

內外交修，性命雙修：皆指身心並養言。

真子時：天骨開張之時，又心腎相交之會也。

真冬至：一陽發生之時，又百脈來復之初也。

刻漏：謂呼吸。以呼吸之調，如定刻之銅壺滴漏，點點無差，不疾不徐也。

小周天：謂一呼一吸，行遍周身，如常人過一月之久，行一小周天。然又謂為默運十二時後之名。

大周天：謂行功一次，遍及周身三百六十五度息，如常人過一年之久，行一大周天。然古仙所稱五百年、一千年、三千年、一萬年、一萬年十二萬年等語皆本此推之。

易卦取譬：多本《易漢學》名義之意。

支干所屬：甲乙寅卯木，丙丁巳午火，庚申辛酉金，壬癸亥子水，辰戌丑未戊己土。

五行相生：金生水，水生木，木生火，火生土，土生金。

五行相尅：金尅木，木尅土，土尅水，水尅火，火尅金。

十干十二支取義：多取屬五行，惟子多指一陽發生之時，午多指一陰初生之時。卯多指六陽時中，酉指六陰時中。亦有指子午卯酉行功者。閱時宜細思文義。

精氣神分先後天：貫注遍體後天精，生發無窮先天精。吐納呼吸後天氣，運轉循環先天氣。知覺智慧後天神，清虛性靈先天神。

煉丹：修煉之家所以借丹比喻者，以煉丹之法與煉道同。煉丹下有爐，上有鼎，中有藥，加以文武火候、藥物、氣水，即能上升而下降，然未有不借鉛生汞、借汞結丹者。案其中清濁升降、陰陽配合，大有造化生成之理。故修士煉形、煉精、煉氣、煉神，皆取譬於此。非煉有形之丹而服之也。有形之丹，可以治病，可以助力，而萬不能脫胎換骨、伐毛洗髓、導引性真、入定出定。一身以外無金丹，其誠然歟。

內鼎：指丹田之氣。

外鼎：指丹田之形，又有謂氣為外鼎，神為內鼎者。古仙云：前對臍輪後對腎，中間有個真金鼎是也。

煉已：煉已之已，非謂戊己之己，乃自己之已。修煉之士，用自己藥火煉自己先後天所有之真精、真氣、真神，以還其本來之已，故曰煉已。

結胎養嬰：皆喻言也。云結胎者，不過取其精不外溢，氣不外散，神不外走，運於腔中，如結胎一般；云養嬰者，結胎以後，運起無根水火，使精有所注，氣有所歸，神有所主，活活潑潑，如養嬰一般。入得定來，斯出得定去。入來則乳哺有法，出去則解脫無拘。仙凡兩途，任氣所之，皆自結胎養嬰得來。人不善悟，多以為借氣煉精以為胎，胎在腹中煉成嬰，久久功滿自然出現，此不通之論，毋為所惑。

沐浴：非專為滌面澡身之類。如調息每至六陰六陽時中，即是沐浴身體、沐浴藥物、沐浴性靈之時，不啻十二時當卯酉之時，正常人滌面澡身之時也，故取譬沐浴。總之，運是助沐浴之功，定是神沐浴之用。然滌面澡身，修煉家亦勤宜密，以除塵垢外濁。

溫養：在沐浴後坐定時，行功至此，自能通慧，知當如何溫養，不待作為。然其溫養之法，不外呼吸。特調息之間，貴溫習不已，綿延不絕，若有若無，入定出定耳。

退陰符進陽符：退陰符者，謂不使相火妄動，以陰氣為用，由陰器走泄。進陽符者，謂必使君火溫養，以陽神做主，運元陽來復。

三光：謂眼、口、鼻也。

三田：腦為上田、心為中田、海為下田。

子室：丹田。

赤龍：舌

白金黃金：旌陽真君云：先取白金為鼎器。以氣言，言煉氣為煉氣化神之用。古以黑鉛喻腎，腎中發生真氣，取之，而喻曰取白金。有此白金之元氣，是得長生超劫運之根本。故曰先取為鼎器，以安元神也。又有曰，分明內鼎是黃金。白金內有戊土之黃色，故亦稱曰黃金。與上喻同。要之，言白言黃者，皆言腎中所還之氣是也。

崑崙：首。

醍醐：未採時是精生之津，方煉時是津逼之精，灌溉後是精結之精。

橐籥：煉丹之妙法，即升降之消息。古人喻巽風，又喻以橐籥，是即往來之呼吸也。

中宮：煉丹之所，天心居焉。人若曉中宮之消息，則丹自成。中非中外之中，玄關消息之中，包羅者廣。

刀圭：兩土相結，因名曰圭。其中有守定規矩，制伏丹砂真金之氣，還入五內，故曰刀圭。

姹女：自己陰汞之精，靈而最神。案《六書統》姹奼古通。《參同契》河上姹女，得火則飛，謂姹女，丹汞也。

黃芽：先天真一鉛氣，煉此為基，汞自不逸，此陰陽配合所使。若黃婆，則中宮戊己土，化為脾中涎是。

符候：符者信也，候者，時也。一年七十二候，攢簇於一日一時之內。一月有六候，一候有三符，善調勻者，止用一符之速，半個時辰，是一陽來復之候，故曰符候。

泥丸：腦髓正中，其軟如泥，其堅如丸。

神庭：即頂門，俗謂命心。

鵲橋：舌抵腭而駕之也，一名水簾。

重樓：咽下至兩乳上是。

絳宮：兩乳中間。

黃庭：當心之際，非心之中。所謂無形之心是也。

氣穴：黃庭下臍輪上皆是，一名氣海。

丹田：臍輪下端，對命門處。
尾閭：尾蛆骨上窩，宛宛如閭處。
夾脊：尾閭上端。
兩腎：夾脊上端。
雙關：由兩腎中直上至肩脊第一椎，皆是。
命門：兩腎中間。
精門：兩腎側邊軟處即是。
玉枕：即枕骨。
天柱：玉枕下肩脊第一椎上是。
天河：鵲橋上端。
玄溝：導引道路。
關渡：鵲橋、任督、尾閭皆是。
黃河：取其發源崑崙，水自天上來也。

金烏：日中之象謂真陽也。

玉兔：月中之象謂真陰也。

與丹經所謂身中日月、眼中日月不同。

曰性曰命曰真曰靈：皆謂神也。

魂：性。

魄：身。

三昧：精、氣、神。又謂一即有二，遂至於三，言三即昧在其中。佛法有遊戲三昧，又有三昧神通禪。

三寶：佛、法、僧。佛即神，法即氣，僧即精也。

佛門之降魔杵，道門之斬仙劍：皆謂調息定心之法，逐邪蕩穢之方也。

右（即「上」）列丹經譬喻名目，皆本師承口授而切指之實錄之，非出臆度以自欺欺人也，同道者能細心貼體，互相印證，不使左道旁門迷亂耳目，庶幾大道明而大功有成。

彙纂三教互證書籍敘

三教書籍，其用多異，其體實同；其法多殊，其旨相類。儒經曰性理、性功；道經曰玄理、玄功；釋經曰禪理、禪功，名有三，理維一，此三教所宜互證也。是編書目凡管見所及，有可印證易筋、洗髓功者，皆臚列於後，以便學人擇取而折中之。其無關修煉與專談性玄、禪理而不及性玄、禪功者，雖聖經，亦概未選入，缺此以待學博功深者補。

三教互證書目

金剛經二十七斷疑注釋一卷附心經一卷

金剛經三十二分直解一卷附心經一卷
心經注釋一卷
心經添足一卷
大佛頂首楞嚴經正脈疏十卷
大般若涅槃經四十卷
大乘妙法蓮華經七卷
陰符經解一卷
陰符經講義四卷
王弼老子注二卷
道德經解二卷
道德寶章一卷
老子翼三卷老子考異一卷
道德經玄解一卷附黃石公素書一卷

莊子注十卷
周易參同契通真義三卷
抱朴子內外篇八卷
悟真篇注疏三卷附直指詳說一卷
古文龍虎經注疏三卷
易外別傳一卷
易數鉤隱圖三卷附遺論九事一卷
大易象數鉤深圖三卷
黃帝數（點校：素）問二十四卷
靈樞經十二卷
難經本義二卷
甲乙經八卷
銅人針灸經七卷

明堂灸經八卷
素問入式運氣論奧三卷附黃帝內經素問遺篇一卷
鍼灸資生經七卷
扁鵲神應鍼灸玉龍經一卷
王叔和脈經十卷
圖注八十一難經辨真四卷
圖注王叔和脈訣辨真四卷
奇經八脈考一卷
類經三十二卷
天仙正理一卷
性命圭旨四卷

釋門三字經　金丹摘要　仙佛真傳　唱道真言　靈飛經　黃庭經　性理精華　指玄篇　振玄篇　金丹秘書　文始五鑑篇　潛虛破愚論　遵生八箋　天錄識餘　赤松子　鍾離子　萬壽仙書　陸地仙經　金仙證論　三豐全修　洞天真傳丹經秘錄　壽世傳真

古渝後學周述官彙輯敬演

增演易筋洗髓內功圖說

編　　著｜張瑤
校 點 者｜常學剛
責任編輯｜王躍平

發 行 人｜蔡森明
出 版 者｜大展出版社有限公司
社　　址｜臺北市北投區（石牌）致遠一路 2 段 12 巷 1 號
電　　話｜（02）28236031，28236033，28233123
傳　　真｜（02）28272069
郵政劃撥｜01669551
網　　址｜www.dah-jaan.com.tw
E-mail｜service@dah-jaan.com.tw
登 記 證｜局版臺業字第 2171 號

承 印 者｜傳興印刷有限公司
裝　　訂｜佳昇興業有限公司

排 版 者｜千兵企業有限公司
授 權 者｜山西科學技術出版社
初版 1 刷｜2012 年 1月
初版 3 刷｜2024 年11月

定　　價｜420 元

國家圖書館出版品預行編目資料

增演易筋洗髓內功圖說／張瑤 編著；常學剛 校點
——初版，——臺北市，大展出版社有限公司，2012.01
面；21 公分一（老拳譜新編；7）
ISBN 978-957-468-852-4（平裝）
1.CST: 武術　　2.CST: 氣功
528.97　　100023030